Prof. Dr. med. M. A. Konerding und Annette Sedelmaier

Wirbelsäulengymnastik

Wirbelsäulen-gymnastik

Eine kleine Rückenschule mit Übungen für Gesunde und Patienten

2. überarbeitete Auflage 1995

Prof. Dr. med. M. A. Konerding und Annette Sedelmaier

Verfasser

Prof. Dr. med. M. A. Konerding, Anatomisches Institut der Johannes Gutenberg-Universität Mainz, Becherweg 13, 55099 Mainz

Annette Sedelmaier, Leitende Krankengymnastin, Abteilung für Physiotherapie, Rehabilitationsklinik Saulgau, Siebenkreuzerweg 18, 88348 Saulgau

CIP-Kurztitelaufnahme

Konerding, Moritz A.; Sedelmaier, Annette

Wirbelsäulengymnastik / Eine kleine Rückenschule mit Übungen für Gesunde und Patienten

2. Auflage 1995

Fotografien

Horst Bock, Essen

Zeichnungen

G. Schlich, Mainz, und B. Massoumi-Komoleh, Essen

Satz, Gestaltung, Realisation

Werbeagentur Schröter, Essen

Druck und Weiterverarbeitung

Wirtz-Druck und Verlag, Speyer / Printed in Germany

Verlag

MKG · Verlag für Medien, Kommunikation und Gesundheit GmbH,

Schützenstraße 31-33, 67061 Ludwigshafen

ISBN 3-931410-00-5

Inhalt

Seite

Vorwort

Seit der Mensch den aufrechten Gang erworben hat, gibt es Rückenschmerzen. Allerdings haben sie sich in den letzten Jahrzehnten zu einer regelrechten Volkskrankheit entwickelt, von der jeder betroffen werden kann.

Dies ist jedoch meistens kein unausweichlicher Schicksalsschlag, sondern allzu häufig das Resultat einer falschen, nicht-wirbelsäulengerechten Haltung und Lebensführung.
Zweifellos spielen Faktoren wie erbliche Veranlagung und besondere körperliche Belastungen, vor allem im Berufsleben, eine entscheidende Rolle bei der Entstehung von Wirbelsäulenschäden und Rückenschmerzen.

Doch gerade bei gefährdeten Personen ist das rechtzeitige Erlernen wirbelsäulengerechten Verhaltens und gezielter Wirbelsäulengymnastik ein echtes Muß: Prophylaxe und Prävention gehen vor Kurieren und Operieren!

So ist das Ziel dieses Buches,

- in verständlicher Weise Grundkenntnisse über die Problemzone Wirbelsäule zu vermitteln (Abschnitt A),
- zu einem wirbelsäulengerechten Verhalten im Alltag anzuleiten (Abschnitt B), und
- im Übungsteil anschaulich Wirbelsäulengymnastik für zuhause darzustellen (Abschnitt C).

Ein Großteil der Übungen wurde völlig neu konzipiert, um negative Auswirkungen und unnötige Belastungen zu vermeiden.

Wir haben ganz bewußt auf die Einbeziehung von Partnerübungen verzichtet, so daß jeder die Übungen durchführen kann. Besonderen Wert haben wir auf die Darstellung möglicher Fehlerquellen gelegt.

Dieses Buch, besonders der Übungsteil, versteht sich nicht als Alternative oder Ersatz krankengymnastischer bzw. physiotherapeutischer Bemühungen, sondern als sinnvolle Ergänzung. Gleiches gilt für die ärztliche Diagnostik und Therapie.

Wir haben an der Konzeption und Abfassung dieses Buches viel Freude gehabt und wünschen allen Lesern ebensoviel Spaß und Erfolg beim Lesen und Üben!

Mainz und Saulgau, 1994

Vorwort zur 2. Auflage

Die unerwartet hohe Resonanz auf die „Wirbelsäulengymnastik" hat bereits ein Jahr nach der Drucklegung zu einer weiteren Auflage geführt.

Wir freuen uns, daß so viele Leser, Patienten und Therapeuten die „Wirbelsäulengymnastik" derart positiv aufgenommen und uns wertvolle Hinweise gegeben haben.

Einen Großteil der Anregungen haben wir bei der Durchsicht und Überarbeitung der neuen Auflage miteinbeziehen können, so daß unsere Leserinnen und Leser noch mehr Nutzen aus der kleinen Rückenschule ziehen können.

Wir wünschen Ihnen viel Spaß beim Üben und uns auch weiterhin kritische Anregungen und Ergänzungen.

Mainz und Saulgau, 1995

Dank

Dieses Buch konnte nur durch die Hilfe, Tips und Anregungen zahlreicher Mitarbeiterinnen und Mitarbeiter realisiert werden.
Ihnen allen sei an dieser Stelle herzlich gedankt.

Unser besonderer Dank gilt unserem Modell Heike A. (Düsseldorfer Künstlerdienst) und Horst Bock (Essen), die mit viel Engagement die Übungen photographisch umgesetzt haben.

Herrn G. Schlich, wissenschaftlicher Zeichner am Anatomischen Institut der Johannes Gutenberg Universität Mainz, und Herrn cand. med. B. Massoumi-Komoleh (Essen) verdanken wir die zeichnerischen und graphischen Arbeiten. Das Team der Agentur Hubert Schröter (Essen) hat es perfekt verstanden, unsere Intentionen technisch und gestalterisch umzusetzen.

Dem Verlag sei für die großzügige Ausstattung dieses Buches, der JELA GmbH (Bad Dürkheim) und der novacare gmbh (Ludwigshafen) für die Zuverfügungstellung von Hilfsmitteln gedankt.

Wissenswertes über die Wirbelsäule und Rückenschmerzen

Warum Wirbelsäulengymnastik und Rückenschule?

Ein Großteil der Bevölkerung kennt Rückenschmerzen aus eigener Erfahrung oder aus dem familiären, sozialen und beruflichen Umfeld. Ganz neu ist diese Problematik nicht – Rückenschmerzen stellten bereits vor fast zweieinhalbtausend Jahren ein Problem dar, um das sich seinerzeit Hippokrates mit Streckbehandlungen bemühte. Insgesamt dürften Rückenschmerzen jedoch früher nicht ganz so häufig gewesen sein, während "Der Spiegel" heute ohne Polemik titelt: "Volksleiden Rückenschmerzen: Krank im Kreuz"
(DER SPIEGEL, 45 (23): 214-235, 1991).

Folgende Fakten veranschaulichen, welch enorme medizinische, soziale und ökonomische Bedeutung Rückenschmerzen heute erlangt haben:

- ein Drittel der deutschen Bevölkerung klagt ständig über Rückenschmerzen
- lediglich jeder fünfte hat niemals Rückenschmerzen
- ca. 20% aller Krankschreibungen (Arbeitsunfähigkeitsbescheinigungen) erfolgen aufgrund der Diagnosen LWS-Syndrom, Ischialgie, Lumbago etc.
- Rückenschmerzen verursachten 1991 in der alten Bundesrepublik ca. 12.500.000 Krankheitstage
- von 40 Milliarden DM Lohnfortzahlungen 1991 fielen ca. 10-12 Milliarden wegen Rückenschmerzen an
- ca. 45% aller vorzeitigen Rentenanträge in Deutschland erfolgen aufgrund degenerativer Wirbelsäulenerkrankungen oder Rückenschmerzen
- täglich werden 6 Millionen Amerikaner wegen Rückenschmerzen behandelt.

Derzeit sucht jeder vierte Patient in Deutschland seinen Hausarzt primär wegen Rückenschmerzen auf; bei Orthopäden kommt bereits jeder zweite Patient wegen Rückenschmerzen.

Alarmierende Zahlen aus der ganzen westlichen Welt: In amerikanischen Schmerzkliniken ist der Anteil von Rücken- und Wirbelsäulenpatienten bereits auf 30-50% des gesamten Patientenkollektivs gestiegen. Aus Schweden wird eine Zunahme ärztlicher Verschreibungen und Behandlungen bei Rückenschmerz-Syndromen in den letzten zehn Jahren um den Faktor 30 berichtet. Bandscheibenvorfälle und degenerative Veränderungen der Wirbelsäule nehmen weiter zu. Dabei sind Rückenschmerzen nicht mehr nur ein Problem der ältereren Bürger: Auch bei Kindern und Jugendlichen steigen Wirbelsäulenschäden dramatisch an. Eine Reihenuntersuchung dänischer Schüler 1989 hat gezeigt, daß je nach Alter 55-62% der Befragten mindestens einmal im Monat unter Kopf- oder Rückenschmerzen leiden.

Jeder Musterungsarzt weiß von erschreckend hohen Rekrutenzahlen zu berichten, deren Einsatzfähigkeit wegen Schäden oder Schwächen der Wirbelsäule eingeschränkt ist – und das bei durchwegs jungen Leuten ohne besondere berufliche Vorbelastung. So hatten wir denn auch bei eigenen Untersuchungen beruflich stark belasteter Erwachsener mit Wirbelsäulenbeschwerden große Schwierigkeiten, eine völlig wirbelsäulengesunde Kontrollgruppe zusammenzustellen. Stichproben unter Medizin-Studenten im Alter von 19-26 Jahren haben gezeigt, daß 87%, also fast neun von zehn Personen, bereits wiederholt Rückenschmerzen hatten.

Worin ist diese Häufigkeit von Wirbelsäulenbeschwerden begründet?

Sind wir gegen das Volksleiden Rückenschmerzen machtlos? So einfach diese Fragen sind, so schwierig die Antworten: nicht ein einzelner Faktor, sondern eine Vielzahl von Faktoren wie z. B. erbliche Veranlagung (genetische Disposition), angeborene oder erworbene Fehlstellungen oder berufliche Belastungen sind für die Auslösung von Störungen des komplexen Systems Wirbelsäule ursächlich verantwortlich. Hinter dem Sammelbegriff "Rücken- oder Kreuzschmerzen" verbirgt sich nicht nur eine Vielzahl völlig unterschiedlicher Krankheitsbilder, sondern auch eine Vielzahl möglicher Ursachen.

Wirbelsäulenschäden müssen nicht sein.
Auch wenn die Ursachen bis heute noch nicht restlos geklärt sind, ist sich die Fachwelt zumindest darüber einig, daß ein Großteil der Wirbelsäulenschmerzen auf ein nicht wirbelsäulengerechtes Verhalten im Alltag und eine Über- bzw. Fehlbelastung zurückzuführen ist.
Prof. Dr. med. H. Junghanns, einer der Pioniere der Wirbelsäulenforschung, formuliert griffig: die Wirbelsäule des Erwachsenen wird von den Versäumnissen der Jugendzeit geprägt. Somit gilt es, unnötige Belastungen für die Wirbelsäule zu vermeiden und ein wirbelsäulengerechtes Verhalten zu erlernen – je früher, desto besser!

Zwar werden allen Kindern (mehr oder weniger erfolgreich) Tischmanieren beigebracht, doch wer lernt rechtzeitig eine korrekte Haltung und wirbelsäulengerechtes Verhalten? Diese Lücke soll dieses Buch mit der Vermittlung von Kenntnissen der Wirbelsäule (Abschnitt A) und der Einübung wirbelsäulengerechten Verhaltens (Abschnitt B) schließen.

Auch bei der Wirbelsäule gilt: Vorbeugen ist besser (und einfacher!) als Heilen! Verschiedene orthopädische Schulen haben bereits in den sechziger Jahren Konzepte zur Rückenschule vorgestellt und eingeführt – stellvertretend sei hier Prof. Dr. med. J. Krämer als einer der Altmeister der Rückenschule und Vorsitzender des Arbeitskreises "Degenerative Wirbelsäulenbeschwerden" der Deutschen Gesellschaft für Orthopädie und Traumatologie genannt. Heute bieten zahlreiche Kliniken, Physiotherapeuten und Sportvereine Rückenschulkurse an.

Während anfangs der Rückenschulgedanke auf die Nachbehandlung operierter Patienten beschränkt war, hat sich heute die Erkenntnis durchgesetzt, daß *jeder* einer Rückenschule bedarf. Vorreiter waren hierbei übrigens wie so oft in der Gesundheitserziehung die skandinavischen Länder, in denen in zahlreichen Betrieben erfolgreich Rückenschulkurse und Wirbelsäulengymnastik für die ganze Belegschaft durchgeführt werden – erfolgreich insofern, als die Fehlzeiten wegen Wirbelsäulenbeschwerden meßbar zurückgehen und die Produktivität steigt.

Diesen Gedanken der Primärprävention und Prophylaxe, d. h. der Gesundheitserziehung und Vorbeugung, haben mittlerweile auch die deutschen Krankenkassen aufgegriffen, die ebenfalls Rückenschulkurse fördern und durchführen. Heute scheint es nur noch eine Frage weniger Jahre zu sein, bis der Rückenschulgedanke seinen Einzug in die Schulen bzw. den Schulsport hält.

Dies gilt auch für die Wirbelsäulengymnastik: wirbelsäulengerechtes Verhalten setzt immer eine ausreichend aufgebaute Muskulatur voraus. Die Wirbelsäule als Gesamtsystem kann nur dann ihre Aufgabe zufriedenstellend und ökonomisch erfüllen, wenn jedes Element, besonders die für die Statik und Bewegung außerordentlich wichtige Muskulatur, dementsprechend ausgebildet ist. Der Gesunde soll mit Hilfe der Wirbelsäulengymnastik Bewegungsabläufe einüben, die die Beweglichkeit der Wirbelsäule und die Kraft der wirbelsäulenstützenden Muskulatur erhalten und erhöhen. Der Patient und Wirbelsäulen-Geschädigte soll durch die Wirbelsäulengymnastik ebenfalls rückenschonende Bewegungsabfolgen lernen und die Bewegungsfähigkeit erhöhen. Besonders bei bereits bestehenden Fehlstellungen und Veränderungen des Wirbelsäulensystems wird eine gezielte Mobilisation und Kräftigung erforderlich. In Verbindung mit dem Erlernen wirbelsäulengerechten Verhaltens im Alltag (Abschnitt B) lassen sich so Schmerzen vermindern und neue Beschwerden verhindern.

Die Wirbelsäulengymnastik stellt somit in Verbindung mit der Rückenschule eine ideale *Ergänzung* krankengymnastischer und physiotherapeutischer Bemühungen dar. Sprechen Sie deshalb ruhig Ihre Therapeutin oder Ihren Therapeuten an und lassen Sie sich gezielt beraten – sie sind in der Regel Fachleute auf dem Wirbelsäulengebiet!

Aufbau und Form der Wirbelsäule

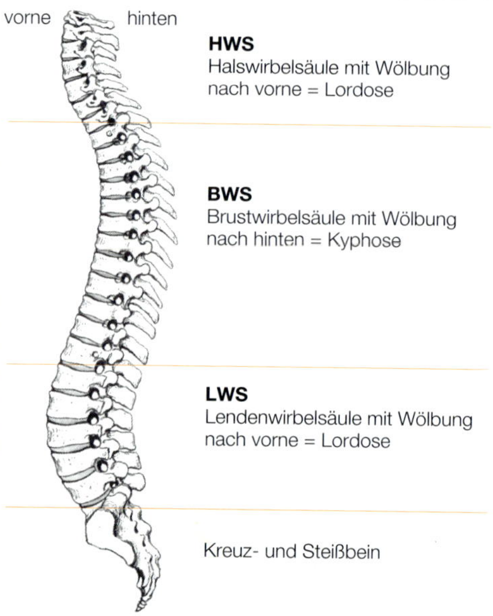

Abb. 1: Menschliche Wirbelsäule von der Seite. Beachte die typische Doppel-S-Form.

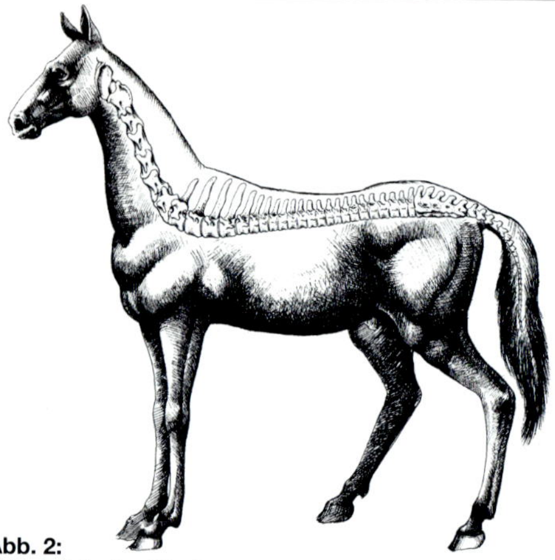

Abb. 2: Wirbelsäule des Pferdes ohne Kyphose und Lordose.

Der Begriff Wirbel*säule* suggeriert einen starren, stabilen Aufbau – eben den einer Säule. Dabei handelt es sich um eine Kette von Wirbeln, die gelenkig miteinander verbunden sind und außer der Fähigkeit, Gewichtsbelastungen zu tragen, nichts mit einer Säule gemeinsam hat.

Wir unterscheiden an der Wirbelsäule drei Abschnitte, die prinzipiell gleichartig aufgebaut sind:

- die Halswirbelsäule (HWS) mit sieben Halswirbeln, die den Kopf trägt,
- die Brustwirbelsäule (BWS) mit 12 Brustwirbeln, die gemeinsam mit den Rippen und dem Brustbein den knöchernen Brustkorb bildet, sowie
- die Lendenwirbelsäule (LWS) mit fünf Lendenwirbeln, die auf dem Becken steht (Abb. 1).

Auf die Lendenwirbelsäule folgt das Becken als Verbindung der Wirbelsäule zu den Oberschenkeln. Kreuzbein und Steißbein, die den hinteren Teil des Beckens bilden, gehören ebenfalls zur Wirbelsäule und bestehen auch aus Wirbeln, die allerdings miteinander zu einem einzigen Knochen verschmolzen sind, so daß keine Bewegung mehr möglich ist. Aufgrund der unterschiedlichen Funktionen und Belastungen haben die Wirbel der einzelnen Abschnitte unterschiedliche Formen: die Halswirbelsäule muß z. B. nur das Gewicht des Kopfes tragen, während die Lendenwirbelsäule das

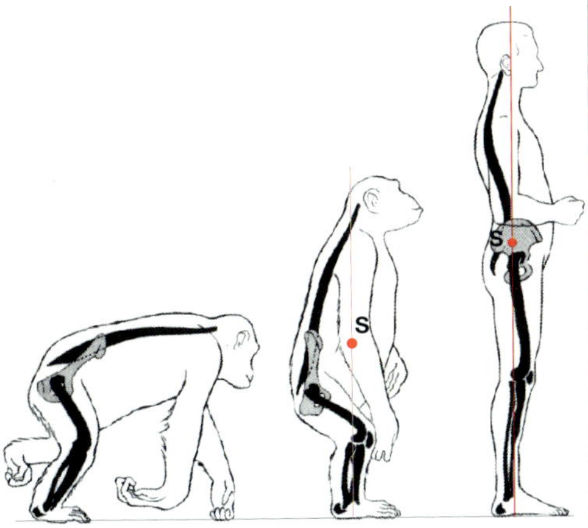

Abb. 3: Vergleich der Lage des Körperschwerpunkts (S) in bezug auf die Wirbelsäule beim Affen im Gehen (links), im Stehen (Mitte) und beim Menschen (rechts).

Aus: Benninghoff: Makroskopische und mikroskopische Anatomie des Menschen, 14. Auflage, Urban & Schwarzenberg, München-Wien-Baltimore 1987.

gesamte Gewicht des Rumpfes und der Arme tragen muß. Deshalb sind die Wirbelkörper in der LWS auch größer.

Die charakteristische Doppel-S-Form der Wirbelsäule bildet sich während der ersten Lebensjahre und des Laufenlernens aus. Die Lendenwirbelsäule ist leicht nach vorne gewölbt (Lendenlordose), während die Brustwirbelsäule nach hinten geschwungen ist (Brustkyphose). Dadurch verläuft das Körperlot bzw. der Massenschwerpunkt direkt an der Wirbelsäule und das Gewicht kann über das Becken auf die Beine geleitet werden, ohne daß große Hebelkräfte entstehen.

Beim Vierfüßler, zum Beispiel beim Pferd, findet sich ein ähnlicher Grundaufbau der Wirbelsäule, aber eine völlig andere Form, da das Körpergewicht auf vier Pfeiler (Vorder- und Hinterläufe) verteilt ist (Abb. 2).

Menschenaffen können zwar auf zwei Beinen stehen, müssen sich aber beim Laufen mit den Händen abstützen, um nicht nach vorne zu fallen, da u. a. aufgrund der runden Wirbelsäulenform der Schwerpunkt weit vor der Wirbelsäule und dem Becken liegt (Abb. 3).

Der Wirbel als Bauelement

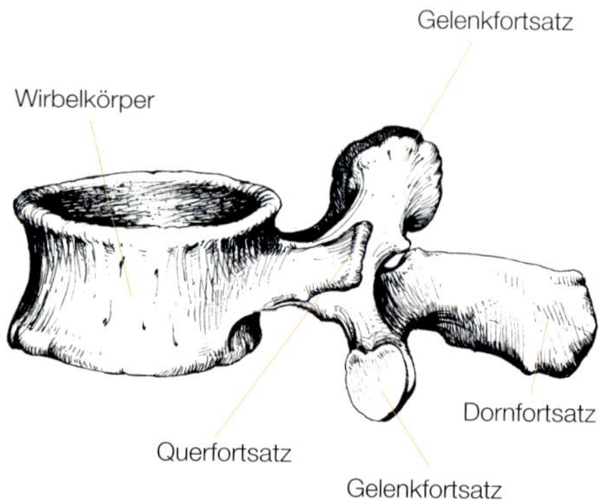

Abb. 4 a: Dritter Lendenwirbel von der Seite.

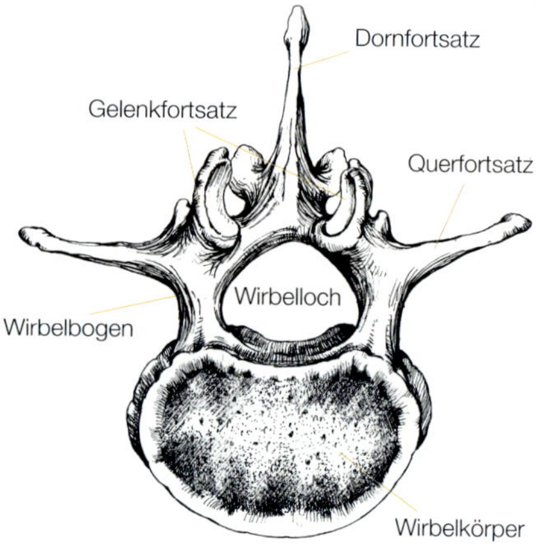

Abb. 4 b: Dritter Lendenwirbel in der Ansicht von oben.

Jeder Wirbel besteht aus einem Wirbelkörper, der den Hauptanteil des Gewichts trägt, und einem paarigen Wirbelbogen, der nach hinten das sog. Wirbelloch umgibt (Abb. 4). Durch die Verbindung benachbarter Wirbellöcher entsteht ein Kanal (der Spinalkanal), in dem das Rückenmark verläuft (s. u.). Zwischen zwei benachbarten Wirbelbögen treten rechts und links aus dem Zwischenwirbelloch Nerven aus dem Rückenmarkskanal aus.

An dem Wirbelbogen finden sich die Gelenkfortsätze, die einen Teil der senkrecht einwirkenden Druckkraft aufnehmen (Abb. 4 und 5) und die Bewegungsmöglichkeit der Wirbel in den einzelnen Abschnitten bestimmen. So sind zum Beispiel die Gelenkfortsätze in der Lendenwirbelsäule von vorne nach hinten ausgerichtet, wodurch ein Beugen und Strecken möglich ist, die Seitneigung und Drehung aber eingeschränkt sind.

Drei größere Fortsätze, die beiden Querfortsätze und der Dornfortsatz, der im Rücken als einzige Struktur des Wirbels durch die Haut tastbar ist, dienen als Ursprungs- und Ansatzflächen der Rückenmuskulatur.

Der Wirbel weist wie andere Knochen des Körpers eine typische Leichtbauweise auf: die Ränder bestehen aus einer festen Knochenrinde, während

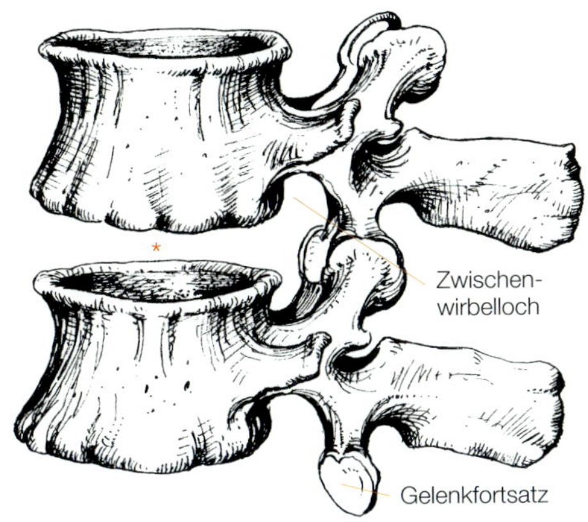

Abb. 5: Verbindung zweier Lendenwirbel. Der freie Raum* wird von der Bandscheibe eingenommen.

sich im Zentrum zahlreiche feine Knochenbälkchen befinden, die die Last optimal verteilen und weiterleiten. Hierdurch wird der Wirbelkörper leichter und stabiler.

Die Ober- und Unterseite des Wirbelkörpers ist mit einem glatten Knorpel überzogen, auf dem die Zwischenwirbelscheibe liegt.

Die Bandscheibe (richtiger: Zwischenwirbelscheibe)

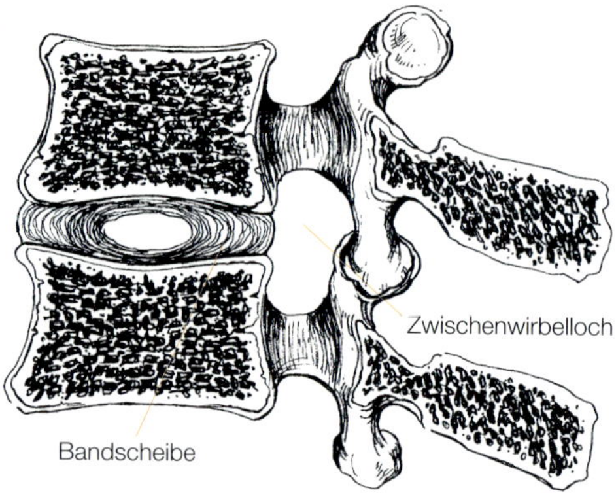

Abb. 6:
Schnitt durch zwei Lendenwirbel und die Bandscheibe.

Zwischen zwei benachbarten Wirbeln liegt immer eine Bandscheibe (Abb. 6). Aufgrund dieser Lage werden sie auch Zwischenwirbelscheiben genannt (Discus intervertebralis). Lediglich zwischen dem ersten und zweiten Halswirbel findet sich keine Bandscheibe. Diese Zwischenwirbelscheiben ermöglichen die Bewegung der Wirbelkörper und verteilen die einwirkenden Kräfte gleichmäßig auf die angrenzenden Wirbelkörper. Dies wird durch den Aufbau aus einem gallertartigen, wasserreichem Kern, der von einem Ring aus Faserknorpel unter Druck und Spannung gehalten wird, begünstigt.

Früher wurde den Bandscheiben eine Stoßdämpferfunktion zugesprochen; heute ist gesichert, daß Stöße nicht durch die Bandscheibe selbst, sondern durch die Verteilung der Kräfte und Ausbiegungen gedämpft werden.

Da die Bandscheiben im Stehen und Sitzen immer unter hohem Druck stehen, verlieren sie tagsüber an Wasser und Höhe: abends ist die Körpergröße deshalb 1-2 cm geringer als morgens. Im Liegen und nachts nimmt die Bandscheibe dagegen wieder Wasser auf.

Dies ist auch für die Ernährung der Bandscheibe sehr wichtig, da sie über keine eigenen Blutgefäße verfügt, die Sauerstoff und Nährstoffe herantransportieren. Die Ernährung muß somit über Diffusion stattfinden. Je höher der Druck auf der Bandscheibe ist, desto schlechter wird die Versorgung mit Sauerstoff und Nährstoffen. Hohe Belastungen der Zwischenwirbelscheibe beinhalten somit nicht nur eine höhere Gefahr von Druckschäden, sondern auch eine schlechtere Ernährungssituation.

Am Rand der Ober- und Unterseite sowie an der Vorder- und Hinterkante wird die Bandscheibe durch straffe Bänder (vorderes und hinteres Längsband) in ihrer Lage gehalten. Bei extremen Belastungen kann sie jedoch aus ihrer Lage verdrängt werden: ein Bandscheibenvorfall droht.

Belastung der Bandscheiben

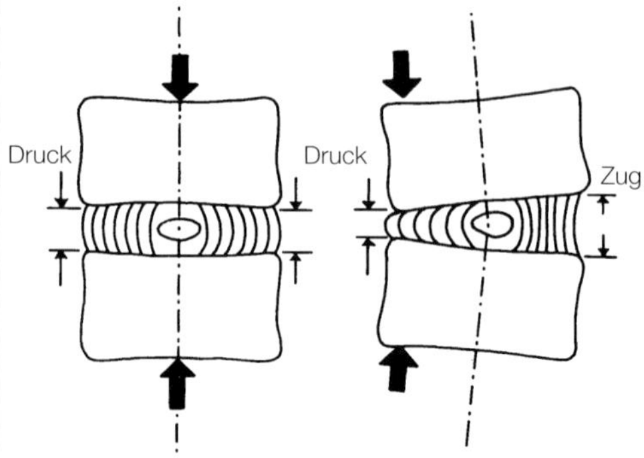

Abb. 7: Belastung der Bandscheibe bei gleichmäßiger (links) und ungleichmäßiger Druckeinwirkung (rechts) mit vermehrter Belastung und Verschiebung der Bandscheibe (nach J. Krämer, 1986).

Im günstigsten Fall wird die Bandscheibe an allen Stellen gleichmäßig belastet. Bei jeder Bewegung, z. B. beim Vornüberneigen oder Seitwärtsdrehen, kommt es jedoch zu einer ungleichmäßigen Belastung: ein Teil der Bandscheibe wird mit einem höheren Druck belastet, während der andere Teil Zugbelastungen ausgesetzt ist (Abb. 7). Unter physiologischen, normalen Bedingungen ist dies nicht weiter dramatisch - dafür sind die Bandscheiben schließlich da. Jede übermäßige Druckbelastung führt jedoch zu einem schnelleren Altern der Zwischenwirbelscheibe.

Deshalb gilt es, übermäßige Belastungen zu vermeiden. Im Liegen ist der Druck auf den Bandscheiben natürlich am geringsten (Flüssigkeitsaufnahme!), während er im Stehen schon höher ist. Beim korrekten, aufrechten Sitzen ist der Druck nochmals erheblich höher (Abb. 8). Falsches Bücken (besonders beim Aufnehmen von Gegenständen) oder falsches Sitzen mit rundem Rücken etc. erhöht die Belastung um ein Vielfaches!

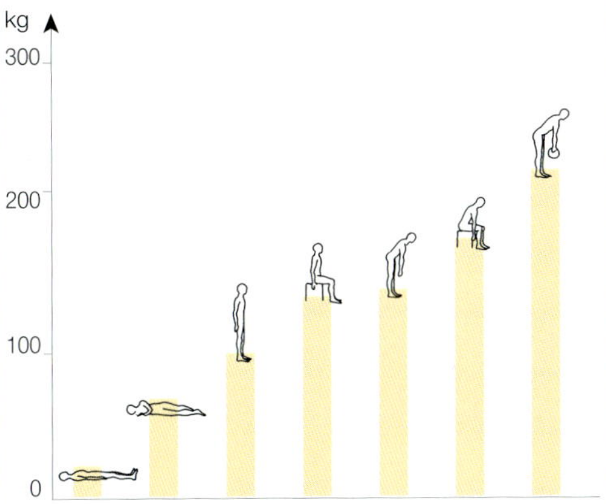

Abb. 8: Druckbelastung in der dritten Lendenbandscheibe bei unterschiedlichen Körperhaltungen (nach Nachemson und Morris, 1965).

Dies liegt daran, daß enorme Hebelkräfte einwirken und die natürliche Form der Wirbelsäule völlig aufgegeben wird. Der Vergleich der Druckbelastungen zeigt eindrucksvoll, daß es nichts Schlimmeres für die Wirbelsäule gibt als falsches Bücken und Sitzen.

Merke:

die menschliche Wirbelsäule ist fürs Stehen und Laufen, nicht fürs Sitzen geeignet!

Bedenkt man, wieviel Stunden am Tag der durchschnittliche Mitteleuropäer sitzt, wird klar, wieviel an Mehrbelastung die Bandscheiben aushalten müssen. Deshalb: wann immer möglich nicht Sitzen, sondern Stehen!

Wie formuliert Professor Junghanns: die größte Gefahr für die Wirbelsäule des Erwachsenen sind die Sitzmöbel!

Bänder und Gelenke

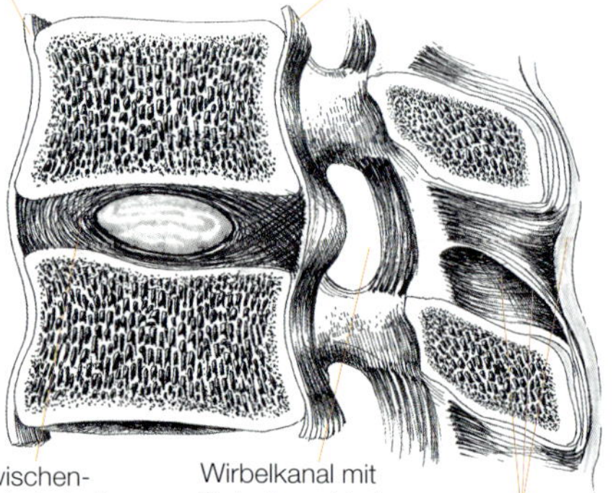

Abb. 9: Schnitt durch ein Bewegungssegment mit Darstellung des Bandapparates zwischen zwei Wirbeln.

Bänder dienen generell zur Befestigung und Stabilisierung von beweglichen Skelettabschnitten ohne Sauerstoff- und Nährstoffverbrauch.

Gleiches gilt für die Wirbelsäule: die Rückenmuskulatur alleine könnte die bewegliche Gelenkkette Wirbelsäule nicht ausreichend stabilisieren. Deshalb findet sich neben den bereits erwähnten Bändern, die die Bandscheiben in ihrer Position fixieren, noch ein ausgeprägter Bandapparat, der die Wirbelkörper untereinander verbindet (Abb. 9). Auch zwischen den Wirbelbögen, Gelenkfortsätzen, Querfortsätzen und Dornfortsätzen sind kräftige Bänder ausgebildet. Insgesamt werden die einzelnen Wirbel durch diesen Bandapparat wie die Takelage eines Segelschiffes untereinander verspannt. Hierdurch wird auch der Bewegungsumfang der einzelnen Segmente einschränkt, so daß keine übermäßigen Belastungen für die Gelenke und Bandscheiben auftreten.

Wird dieser Bandapparat übermäßig beansprucht, zum Beispiel beim Spitzensport im Kindesalter, kann er unter Umständen so stark gelockert werden, daß Instabilitäten entstehen. Häufig sind Lockerungen des Bandapparates, besonders in Verbindung mit einer schwach ausgebildeten Rückenmuskulatur, die Ursache für Rückenschmerzen. Regelmäßige Kräftigungsübungen können hier gut helfen.

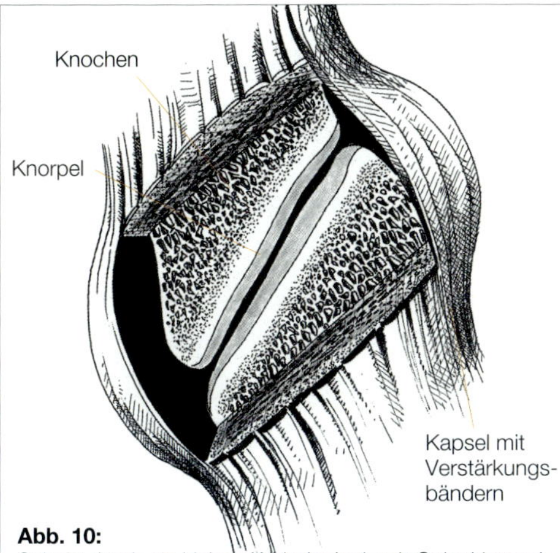

Abb. 10:
Schnitt durch ein kleines Wirbelgelenk mit Gelenkkapsel.

Über den kleinen Wirbelgelenken finden sich ebenfalls ausgeprägte Bänder, die die Gelenkkapsel verstärken (Abb. 10). Die Gelenkkapseln grenzen das Gelenk von der Umgebung ab und bilden auf ihrer Innenseite in einer Art Schleimhaut die Gelenkflüssigkeit (Synovia), die als "Schmiermittel" für das Gelenk dient. Dies ist insofern notwendig, als die Bewegungen ohne Reibungsverlust erfolgen sollen. Deshalb sind die Gelenkflächen mit einem druckbelastbaren, spiegelglatten Knorpel überzogen.

Die Knorpelschicht hat ebenso wie die Bandscheiben keine eigene Gefäßversorgung, sondern wird aus der Gelenkschmiere und den angrenzenden Knochen versorgt.

Jede arthritische, entzündliche Veränderung der kleinen Wirbelgelenke geht mit Schmerzen einher. Wird die spiegelglatte Knorpeloberfläche angegriffen, bilden sich rauhe Unebenheiten aus. Dadurch ist jede Bewegung mit hohem Reibungsverlust und natürlich Schmerzen verbunden. Im Prinzip finden hier die gleichen Prozesse und Veränderungen wie bei einer Knie- oder Hüftarthritis bzw. Arthrose statt.

Jede Fehlhaltung oder Fehlstellung erhöht die Belastung für die kleinen Wirbelgelenke, wodurch es zu einem vorzeitigen Verschleiß kommt. Sind Knorpelschäden erst einmal eingetreten, dauert die Heilung aufgrund der fehlenden eigenen Gefäßversorgung wesentlich länger als bei anderen Geweben.

Rumpf- und Wirbelsäulenmuskulatur

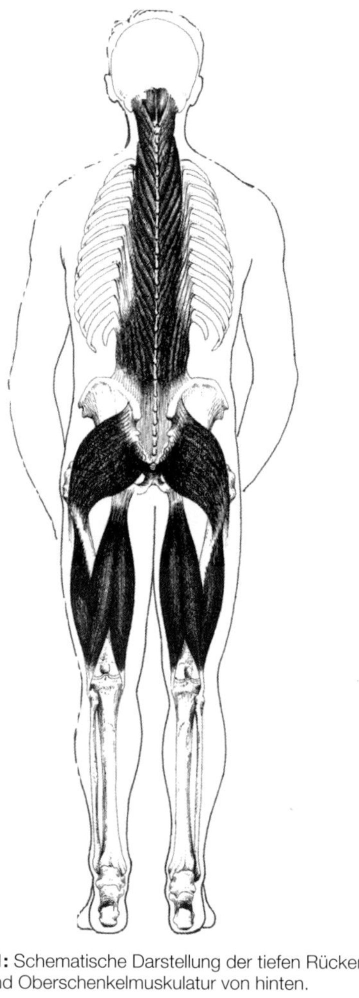

Abb. 11: Schematische Darstellung der tiefen Rücken-, Hüft- und Oberschenkelmuskulatur von hinten.

Ohne Muskeln ist keine aktive Bewegung und keine aktive Stabilisierung möglich. Der Bandapparat allein könnte die Form der Wirbelsäule entgegen der Schwerkraft keinesfalls halten. Er wird bei seiner Funktion durch die Muskulatur unterstützt.

Der Mensch benötigt aufgrund des aufrechten Gangs ein sehr viel komplexeres System als Vierfüßler, um die Wirbelsäule nach vorne, hinten und zur Seite abzustützen und zu bewegen.

Hierfür haben wir zunächst die bodenständige, tiefe Rückenmuskulatur, die in zwei großen Zügen links und rechts neben den Dornfortsätzen vom Becken zum Kopf zieht (Abb. 11). Diese Muskelgruppe besteht aus zahlreichen kleinen Muskeln, die von einem Wirbel zum nächsthöheren ziehen sowie aus längeren, segmentübergreifenden Muskeln. Alle richten die Wirbelsäule auf und je nach Ansatz und Ursprung können sie die einzelnen Segmente drehen oder seitwärts neigen.

Über der bodenständigen, tiefen Rückenmuskulatur liegen zahlreiche Muskeln (links nicht dargestellt), die vom Kopf bzw. vom Schultergürtel auf den Rücken übergreifen und die Rückenmuskulatur unterstützen. Daneben sind die Schultergürtelmuskeln für die Bewegung der Arme und die Befestigung des Schultergürtels am Brustkorb zuständig.

Während die Gesamtheit der Rückenmuskulatur die Wirbelsäule aufrichtet, kann die Bauchmuskula-

Abb. 12: Rumpf-, Wirbelsäulen-, Becken- und Hüftmuskulatur von der Seite.

tur als Gegenspieler (= Antagonist) die Wirbelsäule nach vorne neigen. Nur durch das Zusammenspiel der gesamten Rumpf- und Rückenmuskulatur ist der aufrechte Stand überhaupt möglich (Abb. 12).

Hieraus wird bereits ersichtlich, daß einseitiges Trainieren und eine ungleichmäßige Ausbildung der Muskulatur nur negative Folgen haben kann. Jede Gymnastik und jede sportliche Betätigung muß auf eine ausgewogene Belastung abzielen, damit das muskuläre Gleichgewicht erhalten bleibt oder erst einmal hergestellt wird.

Von entscheidender Bedeutung für den Erhalt des muskulären Gleichgewichts und der Form und Stellung der Wirbelsäule ist natürlich auch die Oberschenkel-, Hüft- und Beckenmuskulatur, von der einige Gruppen links dargestellt sind (Abb. 11 und 12). Die Bedeutung dieser Gruppe ist darin begründet, daß die Wirbelsäule auf dem Becken steht. Wird das Becken aus der normalen Lage nach hinten gekippt, muß sich die Lendenwirbelsäule nach hinten abrunden (Rundrücken). Umgekehrt führt eine zu starke Beckenaufrichtung nach vorne zu einer Hohlkreuzstellung der Lendenwirbelsäule.

Bedenkt man die enorme Arbeit, die die Rücken- und Rumpfmuskulatur zum Erhalt der aufrechten Wirbelsäulenstellung ohnehin schon leisten muß, wird ersichtlich, warum jede Fehlstellung, die von der Muskulatur kompensiert werden soll, zwangsläufig zu Verspannungen führt.

Wirbelkanal und Nervensystem

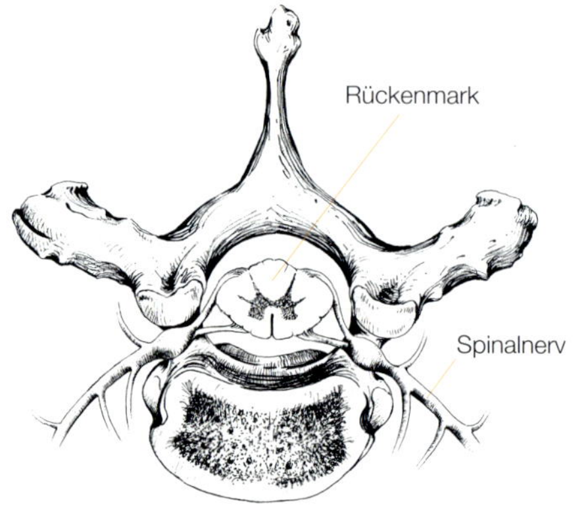

Abb. 13: Erster Lendenwirbelkörper von oben mit schematischer Darstellung der Lage des Rückenmarks und eines Spinalnervs.

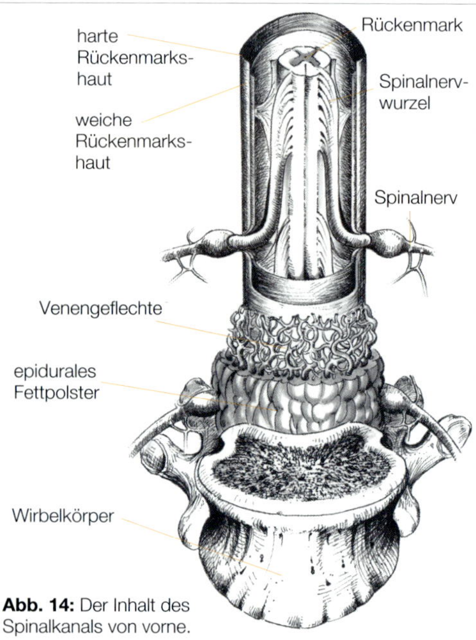

Abb. 14: Der Inhalt des Spinalkanals von vorne.

Im Wirbelkanal, der von den Wirbelbögen gebildet wird, liegt das Rückenmark mit seinen Häuten als Teil des zentralen Nervensystems (Abb. 13 und 14). Ebenso wie das Gehirn im Schädel ist das Rückenmark somit gut vor äußeren Einflüssen und Verletzungen geschützt. Es erstreckt sich vom Schädel bis zur oberen Lendenwirbelsäule. Auf jedem Segment wird ein Spinalnervenpaar abgegeben, das nach links und rechts zwischen den Wirbeln durch das Zwischenwirbelloch aus dem Spinalkanal austritt und sich in der Körperperipherie verzweigt.

In einigen Bereichen bilden die Spinalnerven vor ihrer Verzweigung in die Peripherie Nervengeflechte, sogenannte Plexus (Abb. 16). Besonders ausgeprägt ist diese Geflechtbildung in Höhe der Halswirbelsäule, wo die Nerven liegen, die den Arm versorgen, oder im Becken, wo als mächtigster Nerv der Ischiasnerv aus dem Geflecht herauszieht.

Die Gesamtheit der Spinalnerven bildet das periphere Nervensystem. Motorische Nervenfasern, die vom Gehirn über das Rückenmark wegziehen, steuern (innervieren) die Muskulatur. Sensible Nervenfasern ziehen aus der Körperperipherie zum Rückenmark und leiten Informationen über Temperatur, Druck, Berührung und Spannung der Muskulatur und Sehnen an das Rückenmark und Gehirn. Andere Fasern der Spinalnerven leiten Schmerzimpulse aus der Peripherie, z. B. von der Haut oder tieferen Schichten wie den Gelenken, weiter.

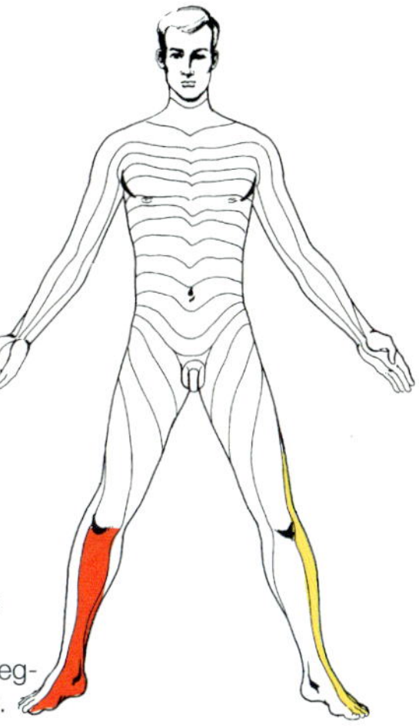

Abb. 15: Dermatome des Menschen von vorne. Das Hautareal, das vom Segment L 5 versorgt wird, ist links (rot) dargestellt, das Segment S 1 rechts (gelb).

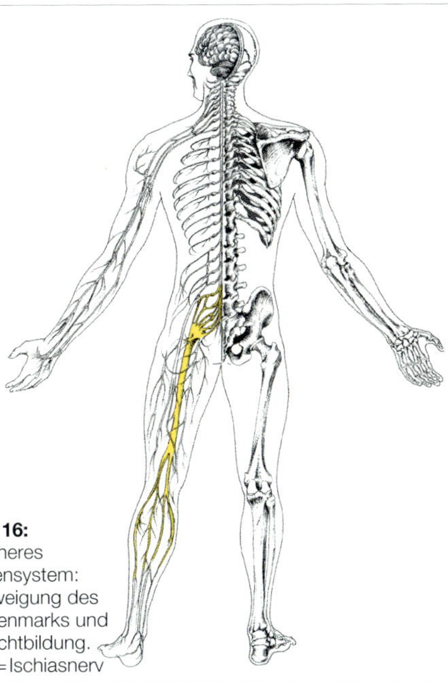

Abb. 16: Peripheres Nervensystem: Aufzweigung des Rückenmarks und Geflechtbildung. Gelb = Ischiasnerv

Jeder Muskel wird von bestimmten Nerven versorgt und jedes Hautareal ist einem bestimmten Spinalsegment bzw. Nerv zugeordnet (Dermatom; Abb. 15). Wird ein Spinalnerv geschädigt, zum Beispiel durch Einklemmung im Zwischenwirbelloch, treten in dem Hautgebiet, das dieser Nerv versorgt, Schmerzausstrahlungen und/oder Empfindungsstörungen (z. B. Taubheitsgefühl) auf. Bei größeren Schäden können auch die Muskeln, die der betroffene Nerv versorgt, gelähmt werden.

Aus der Schmerzausstrahlung, Empfindungsstörung oder den Muskelausfällen kann der Arzt sehr genau schließen, welcher Nerv betroffen ist. Typisch ist zum Beispiel der ausstrahlende Schmerz in das Bein bei Einklemmung des Ischias-Nervs (Ischias-Syndrom; Ischialgie).

Schmerzen ohne typische Ausstrahlung finden sich dagegen eher bei arthritischen oder degenerativen Veränderungen, Kapselreizungen, Bandinstabilitäten oder Verspannungen. Ein typisches Beispiel ist der Hexenschuß (Lumbago), bei dem der Schmerz im Kreuz oder Gesäß auftritt, ohne in das Bein auszustrahlen.

Ursachen von Rückenschmerzen

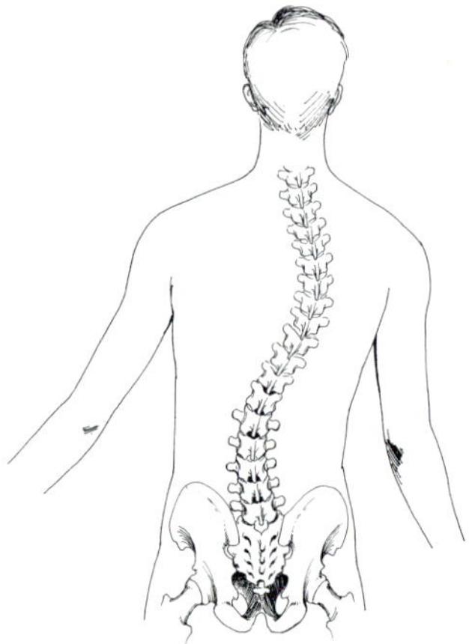

Abb. 17: Mittelschwere Skoliose der Wirbelsäule.

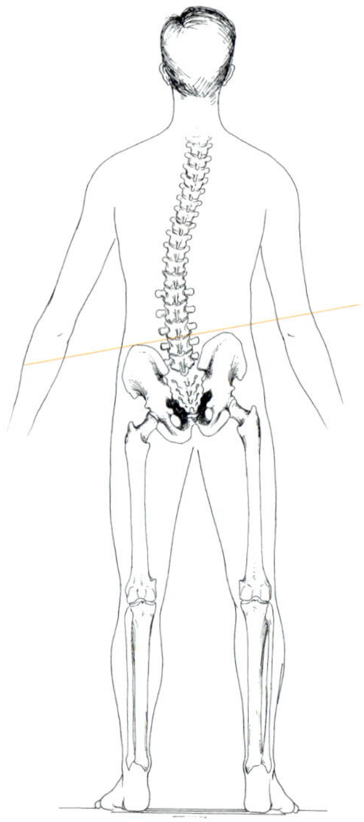

Abb. 18: Linkskonvexe Skoliose bei Beckenschiefstand links aufgrund einer Beinlängendifferenz.

Aus dem komplexen Aufbau der Wirbelsäule resultiert eine Vielzahl von Störmöglichkeiten und Ursachen von Rückenschmerzen. Praktisch alle Strukturen des vertebralen Bewegungssegmentes wie die Gelenke, Muskulatur, Bänder, oder Bandscheiben können Veränderungen aufweisen und Rückenschmerzen verursachen.

Einige Ursachen sind zum Beispiel:

- angeborene Fehlbildungen der Wirbelsäule
- Fehlentwicklungen und Formvarianten
- Skoliosen (funktionell und strukturell)
- Haltungsfehler im täglichen Leben
- Mehrbelastungen durch Übergewicht etc.
- degenerative Veränderungen der Wirbelsäule
- Erkrankungen des rheumatischen Formenkreises; Auto-Immunerkrankungen
- projizierte Schmerzen (Becken- & Baucherkrankungen)
- psychogene Störungen

Rückenschmerzen aufgrund angeborener Fehlbildungen oder Fehlentwicklungen der Wirbelsäule sind im Vergleich zu Rückenschmerzen aufgrund von Fehlhaltungen und Haltungsfehlern eher von zweitrangiger Bedeutung.

Verkrümmungen der Wirbelsäule zur Seite, sogenannte Skoliosen, finden sich dagegen sehr häufig; hundertprozent gerade Wirbelsäulen ohne minimale Skoliosen sind die Ausnahme. Allerdings sind die meisten Verkrümmungen nicht so drastisch wie in

Abb. 17 dargestellt. Aber bereits kleine Formabweichungen begünstigen vorzeitige Bandscheiben- und Gelenkschäden: durch die Verkrümmung besteht eine einseitige Mehrbelastung für die Bandscheiben und Wirbelgelenke.

Die Ursache für derartige Skoliosen kann z. B. eine Beinlängendifferenz mit einem Beckenschiefstand sein. Ist etwa das linke Bein kürzer als das rechte (s. Abb. 18), steht das Becken schief nach links geneigt. Die Lendenwirbelsäule, die auf dem Becken steht, weist zwangsläufig eine linkskonvexe Skoliose auf (Abb. 18). Kleinere Skoliosen bei Beinlängendifferenzen unter 1-2 cm kann die Rückenmuskulatur gut kompensieren; bei größeren und besonders bei gehäuft auftretenden Rückenschmerzen wird der behandelnde Arzt eine Absatzerhöhung verschreiben, um die Beinlängendifferenz auszugleichen.

Häufig sind Skoliosen auch einfach nur das Resultat einer falschen Haltung und mangelhaften Ausbildung der Rückenmuskulatur. Fehlender körperlicher Ausgleich, Bewegungsarmut und sitzende Freizeitaktivitäten (der Fernsehsessel als Wirbelsäulenkiller!) von frühester Kindheit und Jugend an sind heute nicht die Ausnahme, sondern die Regel.
Die Konsequenz: siehe oben!

Da jede Fehlstellung der Wirbelsäule ebenso wie jede Fehlbelastung auch mit einer muskulären Mehrarbeit einhergeht, finden sich häufig muskuläre Verspannungen, sog. Myogelosen, als Ursache von Rückenschmerzen.
Die Bedeutung von Haltungsfehlern und nichtwirbelsäulengerechten Verhaltens als Ursache von Rückenschmerzen kann gar nicht genug betont werden: wer hat sich nicht schon einmal verhoben? Entscheidend ist weniger, daß z. B. ein schwerer Gegenstand getragen wird, sondern ob er richtig oder falsch getragen wird. Noch schwerwiegender sind Einflüsse wie häufiges und falsches Sitzen (siehe oben!).

Unter die Rubrik "vermeidbare Ursachen und Mehrbelastungen für die Wirbelsäule" fällt auch jedes Übergewicht! Die Mehrbelastung für die Wirbelsäule beträgt bei einem Übergewicht von beispielsweise 10 kg nicht nur 10 kg, sondern je nach Verteilung des überschüssigen Fetts aufgrund der Hebelwirkung ein Vielfaches. Haben Sie z. B. einen schön runden Bauch, wandert der Körperschwerpunkt nach vorne, von der Wirbelsäule weg. Um trotzdem aufrecht stehen und gehen zu können, wird jeder Übergewichtige ins Hohlkreuz gehen, was wiederum eine vermehrte Belastung für die Bandscheiben und Wirbelgelenke bedeutet. Übergewicht fördert nicht gerade den Drang nach körperlicher Arbeit und Sport.
Der Teufelskreis schließt sich: die vermehrte Sitz-

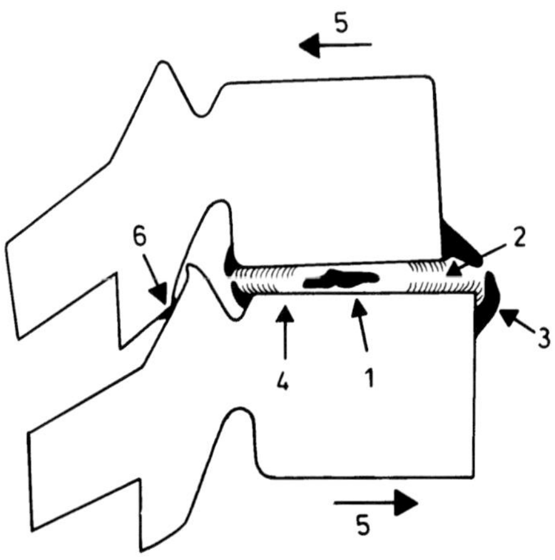

Abb. 19:
Schematische Darstellung verschiedener Störungsmöglichkeiten und degenerativer Veränderungen:

1 = Auflösung und Verlagerung des Bandscheibenkerns
2 = Rißbildung im Faserknorpelring der Bandscheibe
3 = Fortsatzbildung (Osteophyten) als Antwort der Wirbel auf Segmentlockerung
4 = Knorpelschäden am Wirbelkörper
5 = Verschiebung des Wirbels nach hinten
6 = degenerative Veränderungen an den kleinen Wirbelgelenken

Freizeit vor dem Fernseher fördert weitere Schäden (und Übergewicht!).

Einen guten Eindruck von der Mehrbelastung für Ihren Körper und Ihre Wirbelsäule erhalten Sie, wenn Sie einfach mal zwei Wassereimer mit ebensoviel Litern Wasser wie Ihr Übergewicht in Kilogramm füllen und nur fünf Minuten tragen – Ihre Wirbelsäule muß dieses Übergewicht 24 Stunden täglich tragen!

Degenerative Veränderungen (Abb. 19), also arthrotische Verschleißerscheinungen, werden häufig vorschnell als Ursache von Rückenschmerzen angeschuldigt. Dabei handelt es sich eigentlich um normale Altersprozesse – jeder Mensch entwickelt Arthrosen, sofern er nur alt genug wird und sie erlebt.

Erste Veränderungen auf dem Röntgenbild zeigen sich etwa ab dem 30. Lebensjahr. Ab dem 40. Lebensjahr sind bei der Hälfte der Bevölkerung degenerative Veränderungen im Röntgenbild erkennbar. Ab dem 65. Lebensjahr gibt es praktisch keinen Menschen mehr ohne sie.

Auffälligerweise besteht kein besonders enger Zusammenhang zwischen dem Ausmaß degenerativer Veränderungen im Röntgenbild und dem

Schmerzensbild: Patienten mit stärksten Schmerzen weisen häufig radiologisch einwandfreie Wirbelsäulen ohne jede Degenerationszeichen auf, während umgekehrt Menschen mit katastrophal aussehenden Röntgenbildern der Wirbelsäule u. U. nie unter Rückenschmerzen leiden. Viele Rückenschmerzpatienten klammern sich natürlich lieber an den Röntgenbefund "degenerativer Veränderungen" als an die Einsicht, daß die Schmerzen auch das Resultat einer nicht-wirbelsäulengerechten Haltung und Lebensführung sein können.

Gravierender und häufig schwieriger zu behandeln sind Rückenschmerzursachen wie die Bechterewsche Erkrankung, einer Auto-Immunerkrankung, die mit erheblichen Veränderungen an den Wirbelgelenken einhergeht. Ähnliche Beschwerden können auch bei allen anderen rheumatischen Erkrankungen auftreten. Hier kann nur gezielte Gymnastik nebenwirkungsfrei helfen.

Nicht außer acht gelassen werden darf, daß Rückenschmerzen nicht unbedingt ihre Ursache in der Wirbelsäule haben müssen: Schmerzen aus den Bauch- oder Beckenorganen können auch in die Wirbelsäule projiziert werden oder in den Rücken ausstrahlen und unter Umständen lange fehlgedeutet werden.

Gleiches gilt für psychogene Ursachen von Rückenschmerzen: ungelöste innere Konflikte oder besondere Belastungen können fälschlicherweise ein organisches Leiden vortäuschen.

Die Liste möglicher Ursachen von Rückenschmerzen ließe sich beliebig fortsetzen – allen Ursachen ist jedoch gemeinsam, daß sich durch gezielte Wirbelsäulengymnastik und Umstellung auf ein wirbelsäulengerechteres Verhalten das Schmerzensbild bessern und gravierendere Folgen, wie der Bandscheibenvorfall, vermeiden lassen.

Der Bandscheibenvorfall

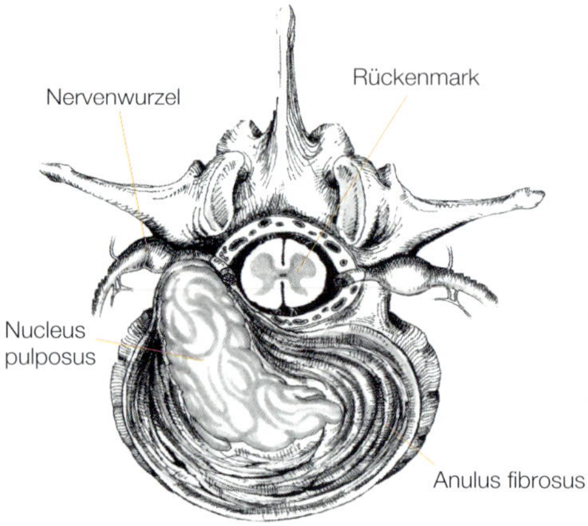

Abb. 20 a: Lateraler Bandscheibenvorfall mit Druck auf Spinalnervenwurzel.

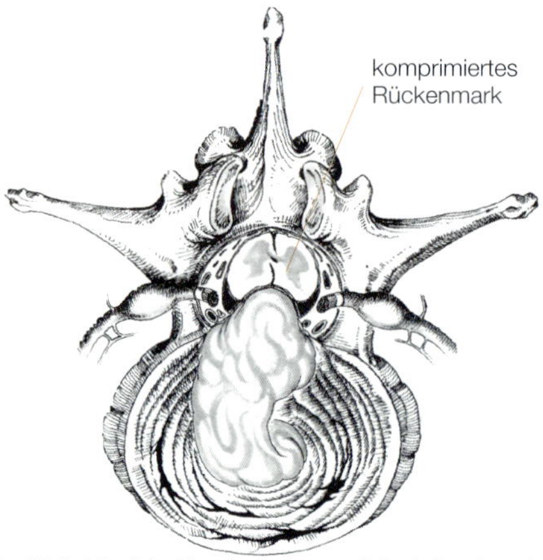

Abb. 20 b: Medialer Bandscheibenvorfall mit Druck auf das Rückenmark.

Das sicherlich dramatischste Ereignis in der Karriere eines Wirbelsäulenpatienten ist der Bandscheibenvorfall. Hierunter versteht man eine Verlagerung der Bandscheibe aus der normalen Position zwischen den Wirbelkörpern (Abb. 20). Risse im äußeren Faserring der Bandscheibe, dem Anulus fibrosus, ermöglichen eine Verdrängung des Bandscheibenkerns (Nucleus pulposus) nach hinten oder zur Seite.

Verdrängungen bzw. Vorfälle zur Seite (lateraler Prolaps) können auf die Nervenwurzeln im Zwischenwirbelloch drücken (Abb. 20 a). Dies verursacht natürlich erhebliche Schmerzen, die in der Regel mit Ausstrahlung entlang des Versorgungsgebietes des betroffenen Nervs sowie u. U. mit Empfindungsstörungen oder sogar Lähmungen einhergehen.

Vorfälle nach hinten, sogenannte mediale Prolapse, können das ganze Rückenmark komprimieren (Abb. 20 b), was ein unverzügliches operatives Einschreiten nötig macht, da sonst eine Querschnittslähmung drohen kann.

Am häufigsten sind Bandscheibenvorfälle zwischen dem vierten und fünften Lendenwirbel sowie ein Segment tiefer, zwischen dem fünften Lendenwirbel und dem Steißbein. Dies liegt unter anderem daran, daß die unteren Abschnitte der Wirbelsäule das größte Gewicht tragen müssen. Demgegenüber gibt es in der Brustwirbelsäule, die weniger

Gewicht tragen muß, so gut wie nie Bandscheibenvorfälle. Manchmal finden sich in der beweglicheren Halswirbelsäule Bandscheibenvorfälle, die dann eine echte Notsituation darstellen.

Bereits kleinste Vorwölbungen (sog. Protrusionen) oder Verlagerungen der Bandscheibe, die noch nicht als richtiger Vorfall gelten, können zu massiven Schmerzattacken führen, da der Band- und Kapselapparat gereizt wird. Auch kleine Vorwölbungen der Bandscheibe können heute z. B. computertomographisch oder kernspintomographisch sicher diagnostiziert werden.

Diese Verfahren werden auch zu Erhärtung der klinischen Verdachtsdiagnose "Bandscheibenvorfall" eingesetzt, die eine gründliche körperliche und neurologische Untersuchung voraussetzt. Merke: bei weitem nicht alle plötzlich auftretenden Rückenschmerzen mit Ausstrahlung in die Beine beruhen auf einem Bandscheibenvorfall!

Ist ein Bandscheibenvorfall diagnostisch gesichert, versucht man in der Regel, falls keine Lähmungserscheinungen bestehen, mit Entlastungshaltungen, z. B. einem Stufenbett, und Schmerzstillung auszukommen. Die physikalische Therapie, z. B. Wärme- und Kälteanwendungen, Massagen und Bäderbehandlungen oder Extensionen (Streckungen) spielen ebenso wie die Krankengymnastik eine entscheidende Rolle und werden je nach Befund allein oder in Kombination eingesetzt. Erst wenn alle konservativen, d. h. nichtoperativen Verfahren, versagen, oder wenn Lähmungserscheinungen bestehen, wird eine Operation in Erwägung gezogen.

Dies ist darin begründet, daß jede Operation mit einem allgemeinen Risiko (Vollnarkose etc.) verbunden ist. Außerdem ist der Behandlungserfolg nicht garantiert: jede Bandscheibenoperation ist nur eine symptomatische Therapie, keine ursächliche.

Hier wird erneut deutlich, wie wichtig eine rechtzeitige Ausschaltung wirbelsäulenschädigender Einflüsse wie falsche Haltung, Bewegungsarmut, Übergewicht oder nicht-wirbelsäulengerechtes Verhalten im Alltag ist. Deshalb wird auch jedem Bandscheibenpatienten im Anschluß an die Therapie der Besuch einer Rückenschule, das Erlernen wirbelsäulengerechten Verhaltens und regelmäßige Wirbelsäulengymnastik empfohlen, damit es nicht erneut zu Bandscheibenschäden kommt (= sekundäre Prävention).

Kleines Wirbelsäulenglossar

Arthritis:
Entzündung eines Gelenks

Arthrose:
degenerative Gelenkveränderung, z. B. Folgezustand nach Entzündungen

Bandscheibenprolaps:
Verlagerung der Bandscheibe nach vorne (ventraler Prolaps) oder zur Seite (lateraler Prolaps)

Bandscheibensyndrom:
Druck des Bandscheibengewebes auf das Rückenmark und/oder Nervenwurzeln mit Schmerzausstrahlung entlang des betroffenen Nervs je nach Höhe in das Bein oder den Arm

BWS:
Abkürzung für Brustwirbelsäule, die von 12 Brustwirbeln gebildet wird

cervical:
lateinisch cervix = Hals; die Halswirbelsäule betreffend

Chondrose der Bandscheibe:
Degenerative Veränderung der Bandscheibe; durch Abnahme des Wassergehaltes des Faserknorpelrings der Bandscheibe entstehen Risse, welche die Verlagerung des gallertartigen Bandscheibenkerns begünstigen

degenerativ:
Rückbildungsprozesse betreffend; auch Zerfall von Zellen und Geweben, z. B. durch physiologische Verschleißprozesse

degenerative Wirbelsäulenerkrankungen:
Arthrose der Wirbelsäule: betroffen von Degeneration sind die Bandscheiben, Wirbelkörper, Wirbelgelenke, Muskulatur und Bänder der Wirbelsäule; vorzugsweise arthrotische Veränderungen der kleinen Wirbelgelenke in der HWS und LWS

Discus intervertebralis:
= Bandscheibe = Zwischenwirbelscheibe; besteht aus einem weichen, gallertartigem Kern (Nucleus pulposus) und einem umgebenden Faserknorpelring (Anulus fibrosus)

Diskusprolaps:
= Bandscheibenvorfall = Bandscheibenprolaps = Diskushernie = Bandscheibenhernie: durch eine Rißbildung im Faserknorpelring der Bandscheibe kann der Bandscheibenkern in den Zwischenwirbelraum prolabieren (vorfallen)

Flachrücken:
Aufhebung der physiologischen Wirbelsäulenkrümmungen

HWS:
Abkürzung für Halswirbelsäule, die von 7 Halswirbeln gebildet wird

Ischialgie:
= Ischiassyndrom; Schmerzen in bestimmten Bereichen des Beines und des Kreuzes durch Druck von Bandscheibengewebe auf den Ischiasnerv

Kyphose:
nach hinten (rückenwärts) gewölbte Krümmung der Wirbelsäule, physiologisch nur im Bereich der Brustwirbelsäule

Kypho-Lordose:
= Hohlrundrücken, sehr starke Brustwirbelsäulenkrümmung nach hinten und gleichzeitige sehr starke Lendenwirbelsäulenkrümmung nach vorne

Lordose:
nach vorne (bauchwärts) gewölbte Krümmung der Wirbelsäule, physiologisch im Bereich der Hals- und Lendenwirbelsäule

lumbal:
lat. lumbus = Lende; die Lendenwirbelsäule betreffend

Lumbale Hyperlordose:
Hohlkreuz, sehr starke Krümmung der Lendenwirbelsäule nach vorne

Lumbalgie:
= Lumbago = Hexenschuß: stechender Kreuzschmerz, der sich nicht ins Bein ausbreitet, da kein Druck auf Nervengewebe ausgeübt wird

LWS:
Abkürzung für Lendenwirbelsäule, die von 5 Lendenwirbeln gebildet wird

Morbus Bechterew:
entzündlich-rheumatische Erkrankung meistens im Bereich der Brustwirbelsäule: es bildet sich ein Totalrundrücken (s. u.) aus.

Morbus Scheuermann:
= juvenile Kyphose
= wachstumsbedingte Rundrückenbildung im Bereich der Brustwirbelsäule

Osteoporose:
Pathologischer Knochenschwund durch Entkalkung; meistens sind Frauen nach der Menopause betroffen; häufig Ausbildung eines Rundrückens

pathologisch:
abnormer bzw. krankhafter Zustand, das Gegenteil von

physiologisch:
normaler Zustand unter der Voraussetzung natürlicher Körperformen und -funktionen

Prolaps:
"Vorfall" eines Gewebes oder Organs aus einer natürlichen Lage durch eine Öffnung

Skoliose:
Verbiegung der Wirbelsäule zur Seite und Drehung der Wirbelkörper um die eigene Achse

Spinalkanalstenose:
Enge des Rückenmarkskanals durch degenerative Veränderungen der Wirbelsäule; akute Schmerzen durch Einklemmung von Nerven

thorakal:
lat. thorax = Brust; die Brustwirbelsäule betreffend

Thorakale Hyperkyphose:
Rundrücken, sehr starke Krümmung der Brustwirbelsäule nach hinten

Totalkyphose:
Totalrundrücken; Aufhebung der Hals- und Lendenwirbelsäulenlordose mit Ausbildung einer Kyphose in diesem Bereich; Verstärkung der Brustwirbelsäulenkyphose

Wirbelsäulengerechtes Verhalten im Alltag

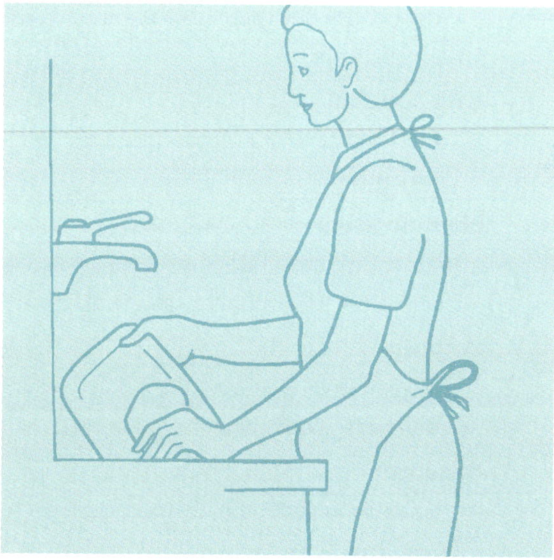

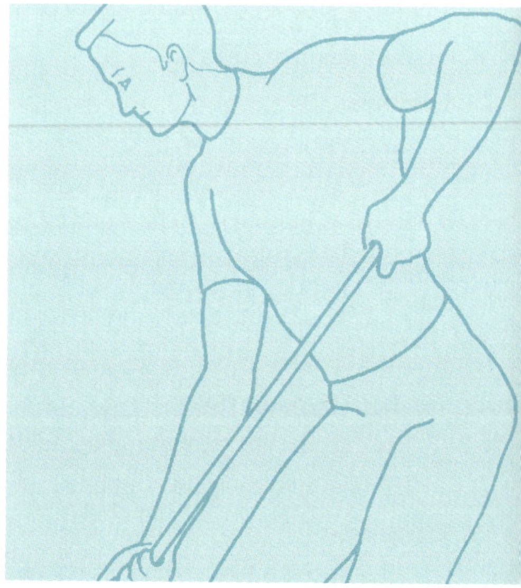

Wie Sie bereits im letzten Kapitel erkannt haben, ist das Achsenorgan einerseits ein überaus robustes System, dem einiges an Belastungen zugemutet werden kann, doch andererseits auch ein Organ, das auf segmentaler und übersegmentaler Ebene Störungen vielfältiger Art ausgesetzt ist. Dazu kommt, daß sich zahlreiche Fehler, sprich nicht-wirbelsäulengerechtes Verhalten, nur selten sofort, sondern meist erst später rächen: die Wirbelsäule vergißt (genausowenig wie die Haut!) nichts!

Von entscheidender Bedeutung sowohl für (Noch-) Wirbelsäulengesunde als auch Patienten ist deshalb, sich im gesamten Tagesablauf wirbelsäulengerecht zu verhalten. Nur durch die Vermeidung unnötiger Belastungen der Bandscheiben, der kleinen Wirbelgelenke und des Bandapparates lassen sich spätere Schäden vermeiden. Hat man sich einmal die häufigsten Fehler bewußt gemacht und ökonomischere, weniger belastende Haltungen gelernt, wird man in der Folgezeit bei konsequenter Beachtung einiger Grundregeln früher oder später unbewußt die korrekte Haltung einnehmen. Auch hier gilt natürlich: der Mensch ist ein Gewohnheitstier! ... und schlechte Angewohnheiten lassen sich nur schwer austreiben!

Wenn wir zum Beispiel bereits 20, 30, 40 oder noch mehr Jahre mehr oder weniger unkontrolliert und wirbelsäulenbelastend auf unseren Sitzgelegenheiten Platz genommen haben, bedarf es anfangs einiger Übung und Umstellung, die korrekte Sitzhaltung einzunehmen.

In diesem Abschnitt wollen wir deshalb einige typische Alltagssituationen darstellen, bei denen häufig völlig unnötige, vermeidbare Belastungen für das Achsenorgan entstehen. Außerdem sollen die wichtigsten Grundhaltungen wie das Sitzen, Stehen und Bücken eingeübt werden.

Wenn Sie diese Vorübungen einige Male wiederholt haben, werden Sie sich nach kürzester Zeit "automatisch" an die korrekte und weitaus weniger belastende Haltung gewöhnen. Zur besseren Kontrolle Ihrer Haltung üben Sie vielleicht die ersten Male am einfachsten vor einem Spiegel, so daß Sie fortlaufend Ihre Haltung kontrollieren können.

Blättern Sie auch ruhig ab und zu die "Alltagssituationen" durch und vergleichen Sie Ihre eigene Haltung bei den einzelnen Tätigkeiten mit der korrekten Haltung!

B

Richtiges Hinsetzen und richtige Sitzhaltung

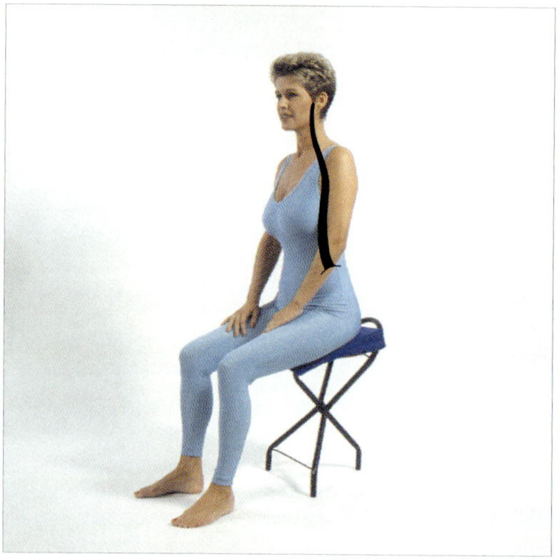

1. Setzen Sie sich, ohne die Wirbelsäule zu verkrümmen, auf einen Hocker oder Stuhl ohne Armlehnen. Sollte der Stuhl höhenverstellbar sein (Bürostuhl o.ä.), stellen Sie die Sitzhöhe so ein, daß die Oberschenkel nicht horizontal stehen, sondern leicht abfallen.
2. Die Oberschenkel werden hüftbreit gespreizt, die Knie bilden einen Winkel von ca. 100°.
3. Die Füße werden in hüftbreitem Abstand (ca. 40 - 50 cm) mit der ganzen Fläche so aufgesetzt, daß die Zehen leicht nach außen weisen. Die Unterschenkel stehen dabei senkrecht, der Oberschenkel fällt leicht ab.
4. Bei aufrechter Wirbelsäule wird nun das Becken nach vorne gekippt beziehungsweise aufgestellt. Bei dieser Beckenkippung nach vorne verlängert sich der Abstand vom Bauchnabel zum Brustbein. Ein Sitzkeil unterstützt die Beckenkippung optimal.
5. Das Brustbein wird leicht nach vorne oben angehoben und der Kopf leicht nach hinten oben geschoben.
6. Die Schultern und Arme bleiben locker hängen. Sie werden nicht aktiv nach hinten geworfen, wie man es früher jungen Soldaten beigebracht hat, da sonst die Lendenwirbelsäule zu stark nach vorne gebogen wird.

Wiederholung:

Üben Sie das Hinsetzen so lange, bis Sie das Gefühl haben, nicht mehr den Rücken rund zu machen!

häufige Fehler

- der Rücken wird abgerundet
- Kopf und Hals stehen nicht im Körperlot
- Beugung im Oberkörper, nicht in der Hüfte

beim Sitzen:

- der Rücken wird rundgemacht ("in den Seilen hängen")
- Becken kippt nach hinten ab
- Rückenlehne zu hoch eingestellt, dadurch keine Unterstützung der Lordose der Lendenwirbelsäule
- Stuhl insgesamt zu niedrig eingestellt, dadurch Beugung der Ober- und Unterschenkel zu groß
- Beine werden übereinandergeschlagen, dadurch obligat einseitige Beckenstellung und nicht achsengerechte Wirbelsäulenstellung

Einige Anmerkungen zu Stühlen

Trotz aller Bemühungen von Arbeitswissenschaftlern und Ergonomen sind auch heute noch die wenigsten Sitzgelegenheiten wirbelsäulengerecht konstruiert. Bezeichnungen wie "Bandscheibenstuhl" oder "ergonomisch geformt" stellen sich häufig als Etikettenschwindel heraus.

Eines der Hauptprobleme ist, daß die horizontale Sitzfläche ein Abkippen des Beckens nach hinten und somit die Aufhebung der normalen Wirbelsäulenkrümmung begünstigt.

Dies läßt sich ebenso einfach wie wirkungsvoll durch einen Sitzkeil beheben: Sitzkeile aus Schaumstoff werden in nahezu jedem Fachgeschäft sowie bei vielen Rückenschulen und Physiotherapeuten angeboten. Achten Sie beim Kauf auf eine entsprechende Höhe (mindestens 6-7 cm) und Schaumfestigkeit, damit die Sitzfläche wirklich abgeschrägt ist. Der Bezug sollte wegen des Luft- und Feuchtigkeitsaustausches immer aus 100% Baumwolle bestehen und natürlich waschbar sein.

Ein weiteres Problem ist, daß die Rückenlehnen in der Regel dort stützen, wo es gar nicht notwendig ist, nämlich an der unteren und mittleren Brustwirbelsäule anstatt in Höhe der Lendenwirbelsäule. Dies verleitet regelrecht, besonders bei Bürostühlen mit großen Lehnen ("Chefsesseln"), zum unkontrollierten Sitzen mit falscher Beckenhaltung und rundem Rücken.

Selbst alternative Sitzgelegenheiten ohne Rückenlehne, wie der Balans-Stuhl, haben die hohen Erwartungen nur bedingt erfüllen können. Auch hier kommt es ohne Kontrolle und Übung immer wieder zu schludrigen, scheinbar bequemen Sitzhaltungen.

Einübung des richtigen Stehens

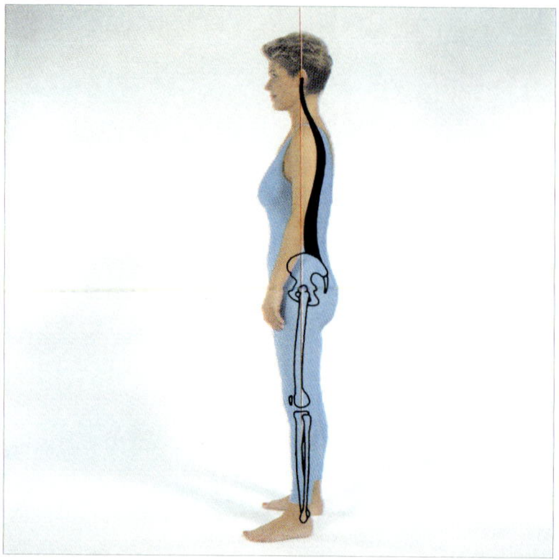

Stellen Sie sich für diese Übung ebenfalls am einfachsten vor einen Spiegel oder bitten Sie Ihren Partner, Ihre Haltung zu korrigieren!

1. Stehen Sie gerade, mit gleichmäßiger Belastung beider Beine. Nicht in den Seilen hängen, kein Hohlkreuz machen, und den Kopf nicht vor oder zurück schieben!
2. Beide Füße werden gleichmäßig belastet; es besteht keine Vor- oder Rückfußbelastung und keine Außen- oder Innenkantenbelastung.
3. Die Knie sind gerade; sie werden nicht durchgedrückt oder überstreckt. Die Füße stehen hüftbreit nebeneinander, wobei die Zehen leicht nach außen gerichtet sind. Schultern und Arme werden einfach fallengelassen, das Brustbein etwas nach vorne und oben angehoben.
4. Wird nun seitlich ein Lot gefällt, schneidet es das Ohr, die Schulter, das Hüftgelenk, das Kniegelenk und obere Sprunggelenk. Wird das Lot von hinten gefällt, schneidet es bei korrektem Stand (und normaler Wirbelsäulenkrümmung) den Hinterkopf und die Brustwirbelsäule und verläuft dann zwischen den Pobacken und genau in der Mitte zwischen den Oberschenkeln und Unterschenkeln.
5. Wippen Sie nun einige Male von den Zehen auf die Hacken und umgekehrt, und pendeln Sie sich auf einen sicheren Stand ein. Achten Sie bei der Wiederholung immer wieder darauf, daß Sie kein Hohlkreuz machen und die Schultern nicht nach hinten oder vorne schieben.

häufige Fehler

- **jede Abweichung vom Lot ist falsch!**

Anmerkungen:

Bei achsengerechtem Stehen – wie links beschrieben – ist die statische Belastung für die Wirbelsäule wesentlich geringer als im Sitzen. Deshalb sollte – wann immer möglich – auf das Sitzen zugunsten des Stehens verzichtet werden. Nicht von ungefähr war bis zum Anfang dieses Jahrhunderts das Stehpult und nicht der Schreibtisch das Arbeitsmöbel schlechthin.

Voraussetzung für entspanntes Stehen ist natürlich ein vernünftiges Schuhwerk. Schmale Schuhe oder hohe Absätze sehen zwar zweifellos schöner aus als bequeme Gesundheitstreter, belasten aber nicht nur die Füße selbst, sondern auch die ganze Wirbelsäule. Die negativen Einflüsse beginnen, lange bevor die Füße zu schmerzen anfangen.

Fazit:

Wann immer möglich, bequemes Schuhwerk und bequeme Kleidung tragen!

B

Einübung des richtigen Bückens und Beugens

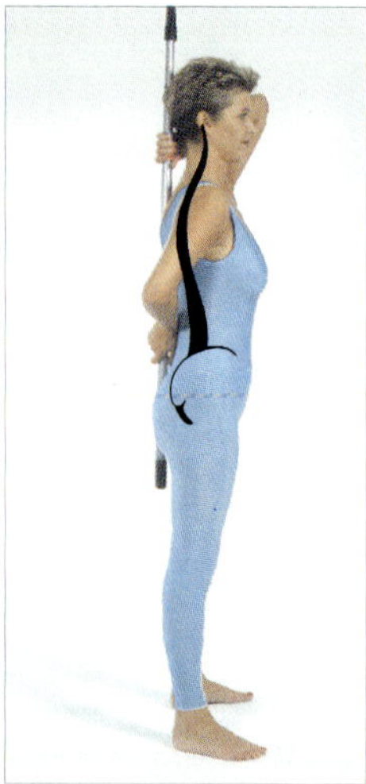
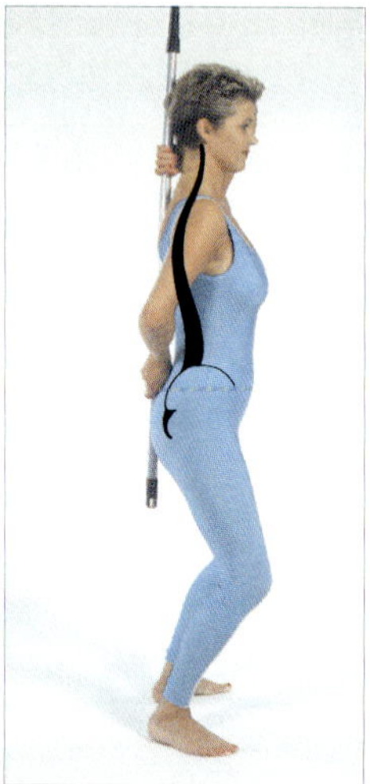

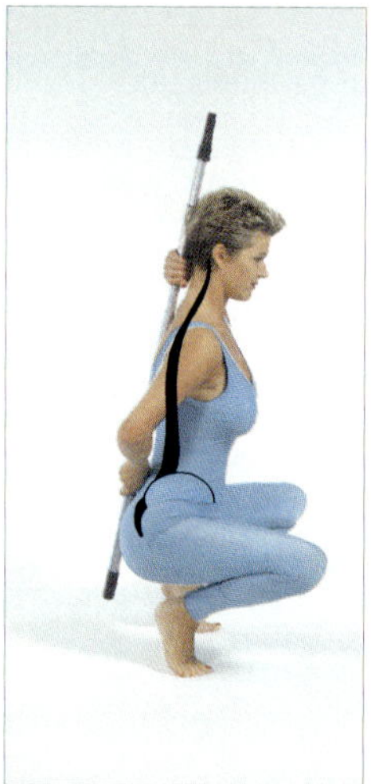

1. Bei korrektem Stand (siehe letzte Übung!) wird ein Stab (Besenstiel oder ähnliches) so im Rücken gehalten, daß der Stiel am Hinterhaupt, der Brustwirbelsäule und dem Kreuzbein anliegt.
2. Mit dem Stab im Rücken werden die Knie gebeugt und gestreckt. Der Stiel liegt bei der Beugung und Streckung dauernd an den Kontaktpunkten an. Jeder Kontaktverlust des Stabes von den Auflagepunkten zeigt, daß sich die Wirbelsäule bei der Beugung fälschlicherweise verbiegt. Dies führt natürlich zu einer vermehrten Belastung sowohl für die Wirbelsäule mit ihren Bändern und der Muskulatur als auch den Bandscheiben.

Variation:

Diese Übung kann auch in Schrittstellung erfolgen.

Wiederholung:

8-10 x

häufige Fehler

- jeder Kontaktverlust
- jede Ausgleichsbewegung zur Seite

Anmerkung:

Das richtige Bücken ist eine der wichtigsten Voraussetzungen für ein wirbelsäulengerechtes Verhalten im Alltag. Sei es, daß Gegenstände aufgehoben werden müssen oder sei es einfach das Schuhanziehen: wir müssen uns fortwährend bücken. Da gerade beim Bücken durch die Hebelkraft ein außerordentlich hoher Druck auf die Bandscheiben einwirkt (bis zum Faktor 8 höher als im Stehen), lohnt es sich besonders, diese Übung öfters zu wiederholen.

Grundsätzlich unterscheiden wir beim Bücken einen vertikalen Bücktypus, der links oben abgebildet ist, von einem horizontalen Bücktypus, der mit einer Beugung in den Hüftgelenken einhergeht (siehe Abbildungen links unten). Je nach körperlichem Konstitutionstyp und individueller Beckenstellung bevorzugt der eine den horizontalen Bücktyp, der andere den vertikalen. Probieren Sie aus, welchen Bücktypus Sie bevorzugen!

Wesentlich ist jedoch, daß bei beiden Bücktypen die Stellung der Wirbelsäule praktisch nicht verändert wird.

B

Richtiges Aufstehen und Hinlegen

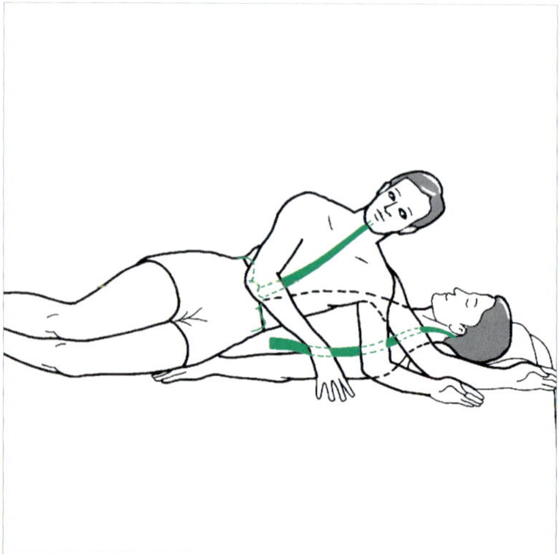

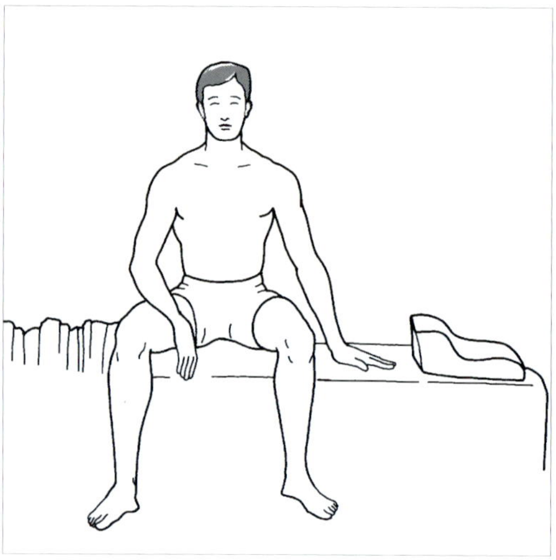

Bereits beim morgendlichen Aufstehen wird die Wirbelsäule ebenso wie beim Hinlegen in der Regel über Gebühr strapaziert: schnelle, ruckartige Bewegungen mit erheblichen Schiebe- und Scherkräften belasten sowohl die Bandscheiben als auch die kleinen Wirbelgelenke. Leider werden diese Kräfte und Belastungen den meisten Menschen erst dann bewußt, wenn es bereits zu spät ist oder wenn, wie z. B. bei einem Hexenschuß, unmittelbar Schmerzen auftreten.

- Vor dem eigentlichen Aufstehen sich ruhig einige Male räkeln und strecken, nicht abrupt aufsetzen oder aufspringen. Durch das Räkeln und Strecken wird die nächtliche, niedrige Muskelspannung erhöht und der Körper stellt sich auf die kommende, höhere Belastung ein.
- am schonendsten ist es, aus der Rückenlage über die Seite abzurollen und sich mit den Armen abzustützen
- die Beine werden dabei nicht gestreckt, sondern leicht gebeugt; die Wirbelsäule mit den Bandscheiben wird kaum belastet
- anschließend sich mit gebeugten Beinen über die aufliegende Hüfte aus dem Bett drehen, die Füße aufsetzen und den Oberkörper aufrichten
- das korrekte Hinlegen läuft genau umgekehrt ab: nach dem Hinsetzen wird der Körper mit aufgestützten Armen über die Hüfte seitlich in das Bett gedreht, ohne daß der Oberkörper besonders gekrümmt wird oder die Beine frei in der Luft gehalten werden

häufige Fehler

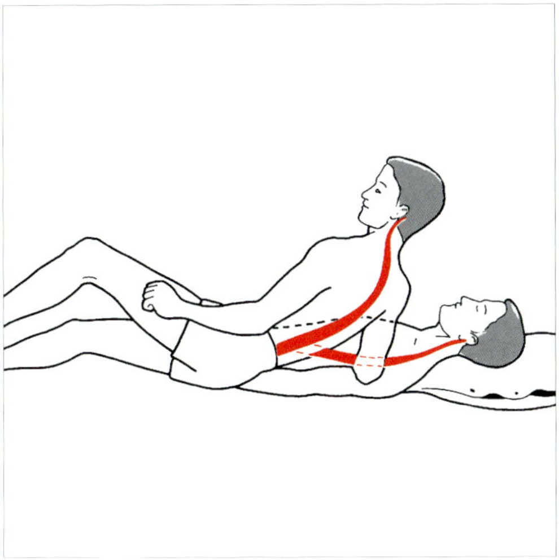

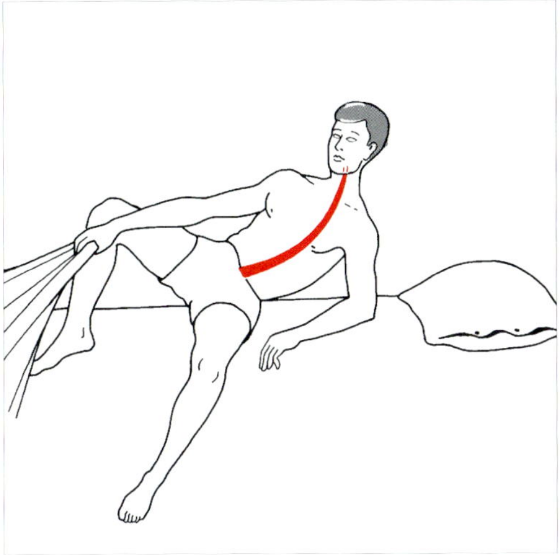

- abruptes Aufstehen ohne vorhergehendes Strecken und Räkeln
- schnelles Aufrichten mit vornüber gebeugtem Oberkörper
- Aufrichten mit frei abgehobenen Beinen
- jede seitliche Verkrümmung der Wirbelsäule
- Aufstehen oder Hinlegen mit überstrecktem Kopf und/oder Hals
- schnelles, unbewußtes Hinlegen (sich in das Bett fallen lassen)

B

Bettenmachen

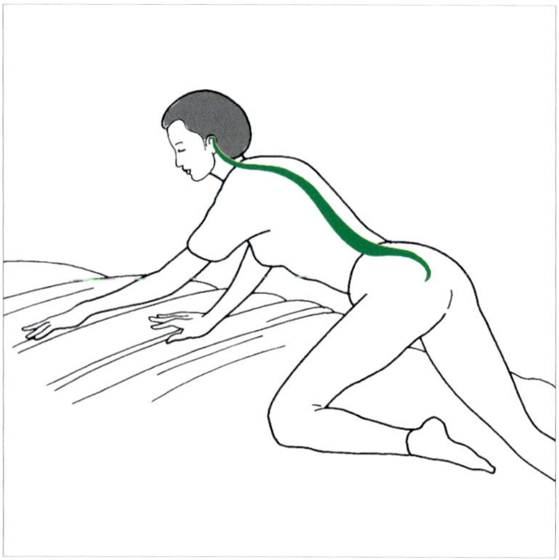

Betten sind in der Regel nur 35-45 cm hoch, somit muß man sich beim Bettenmachen entsprechend stark bücken. Dies gilt besonders für große Betten (Doppelbetten), die nicht von der Wand abgerückt sind und nicht von allen Seiten erreicht werden können.

- am einfachsten und wirbelsäulenschonendsten ist, ein Knie auf das Bett aufzustützen
- das andere Bein wird gebeugt und stützt sich ggf. am Bett ab
- die Wirbelsäule bleibt in der korrekten Stellung (horizontaler Bücktypus), es treten keine unnötigen Belastungen für die Bandscheiben auf
- die Beugung findet also in den Hüftgelenken und nicht in der Wirbelsäule statt
- alternativ kann auch vertikal in Schrittstellung gebückt werden

häufige Fehler

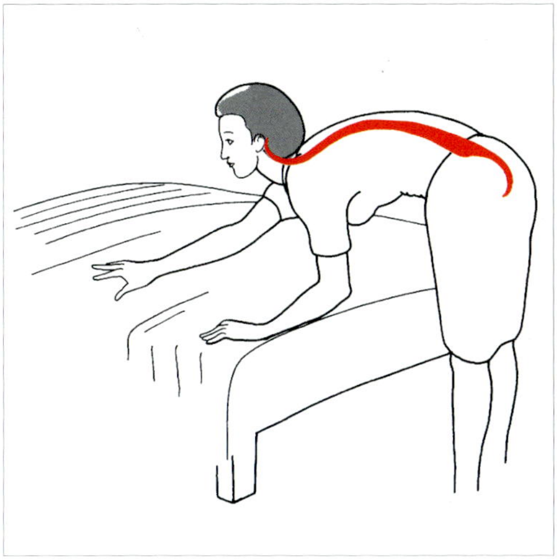

- die Beine bleiben gerade und die Beugebewegung findet in der gesamten Wirbelsäule statt, wobei erhebliche Druck-, Biege- und Scherbelastungen für die Bandscheiben auftreten
- der Hals wird überstreckt, er steht ebensowenig wie der Kopf in Verlängerung der WIrbelsäule: die kleinen Wirbelgelenke werden überproportional stark beansprucht

B

Haushalt: Abwaschen, Kehren, Wischen, Staubsaugen

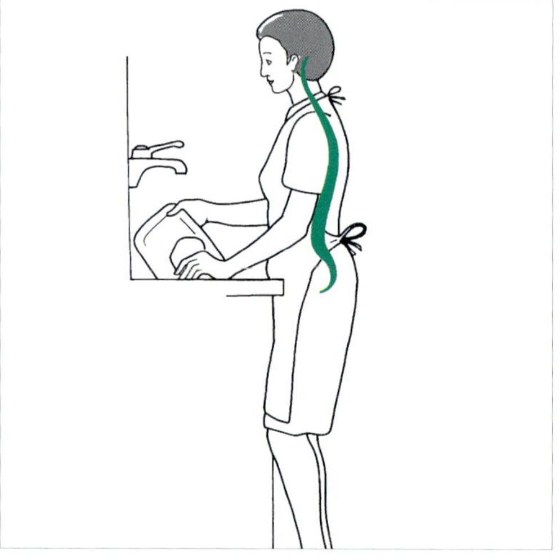

In der Küche können fast alle Tätigkeiten rückenschonend durchgeführt werden, zum Beispiel das Spülen:

- am günstigsten ist es, sich beim Spülen mit dem Becken bzw. den Oberschenkeln an die Arbeitsplatte anzulehnen
- die Knie sollten nicht gerade durchgedrückt sein, sondern ebenfalls leicht gebeugt an den Unterschränken anliegen
- die Wirbelsäule steht dann korrekt im Lot und auch Kopf und Hals müssen nicht übermäßig gebeugt werden
- alternativ zu dieser Haltung kann man besonders in der Küche gut eine Steh-Sitzhilfe verwenden, bei der das Gesäß in halbstehender Haltung unterstützt wird

Auch Tätigkeiten wie Kehren, Wischen und Staubsaugen lassen sich durch eine geeignete Haltung weniger anstrengend und rückenfreundlicher gestalten:

- statt die Beine durchzudrücken und den Rücken rund zu machen, ist es besser, in den Beinen zu beugen und den Oberkörper insgesamt nach vorne zu nehmen (horizontaler Bücktypus)
- die Beugung findet somit nur in den Hüftgelenken und nicht in der Wirbelsäule statt
- **wichtig:** Besen, Schrubber etc. sollten eine ausreichende Stiellänge haben, damit nicht übermäßig gebeugt werden muß

häufige Fehler

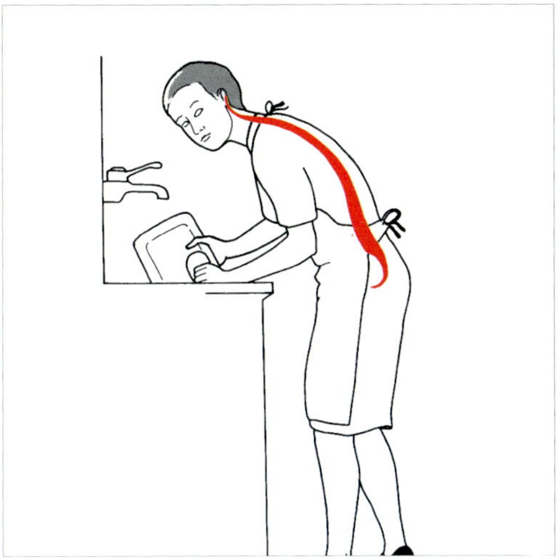

- zu großer Abstand von der Arbeitsplatte, fehlende Abstützung des Beckens
- Beugung der gesamten Wirbelsäule mit falscher Kopf- und Halshaltung
- die Schultern hängen zwangsläufig nach vorne

Noch ein Tip:

vor überschwappendem Wasser schützt man sich nach wie vor am besten mit einer Schürze – und nicht durch einen großen Abstand von der Arbeitsfläche!

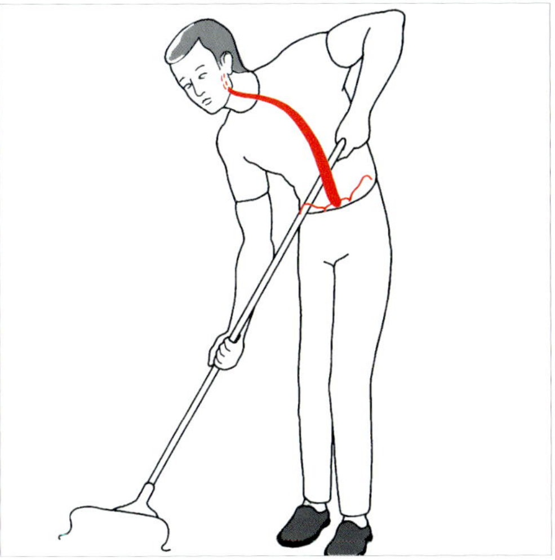

- die Wirbelsäule wird abgerundet, die Beugung findet in der gesamten Lenden- und Brustwirbelsäule statt
- Kopf und Hals werden überstreckt
- die Beine werden voll gestreckt
- zu kurzer Stiel

B

Wäscheaufhängen und Bügeln

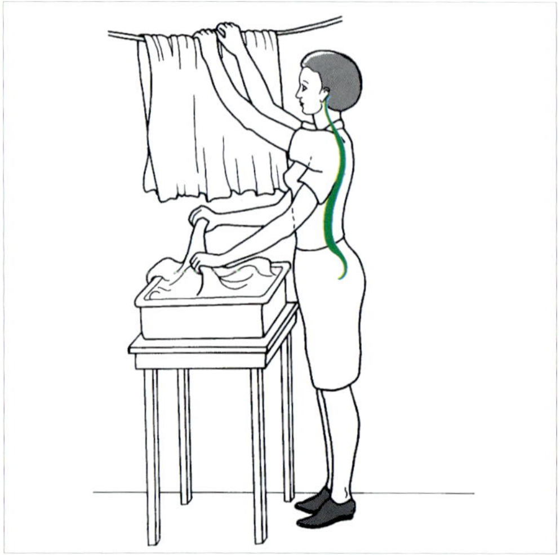

Ebenfalls ein gutes Beispiel, wie man sich Arbeit und Mehrbelastung der Wirbelsäule ersparen kann:

- den Wäschekorb nicht auf den Boden stellen, sondern auf einen Hocker oder ein Tischchen, so daß man ohne großes Bücken und Beugen an die Wäschestücke gelangt
- Korb und Tisch so ausrichten, daß man keine großen Drehbewegungen durchführen muß
- besonders bei schweren Gegenständen (z. B. nasse Bettlaken) auf kurze Wege achten

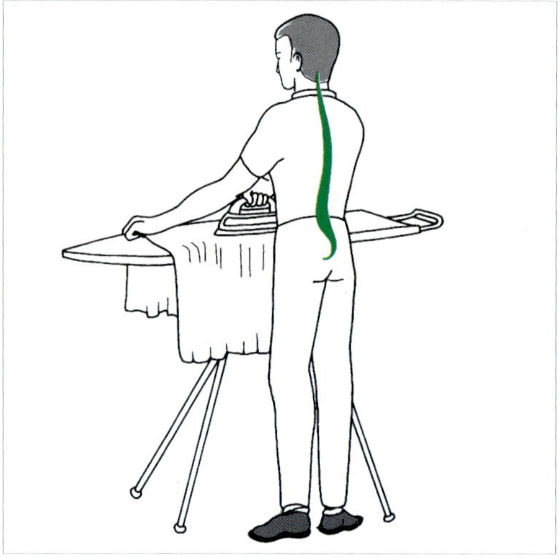

- angenehme Höhe des Bügelbretts einstellen (mindestens hüfthoch), so daß man ohne Beugung der Wirbelsäule einen Großteil des Brettes erreichen kann
- Wäschekorb nicht auf den Boden, sondern seitlich neben das Bügelbrett auf ein Tischchen, Stuhl oder Hocker stellen
- zwischendurch immer wieder mal Entlastungshaltungen einnehmen

häufige Fehler

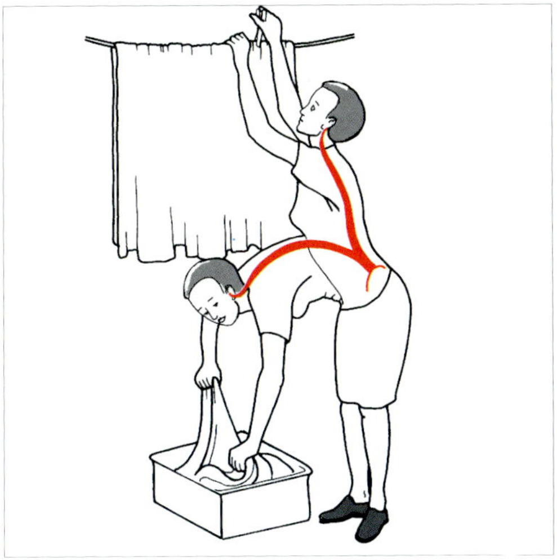

- unnötiges Bücken und Beugen durch falsche Position des Korbes
- überflüssige Drehbewegungen
- falsche Höhe der Wäscheleine

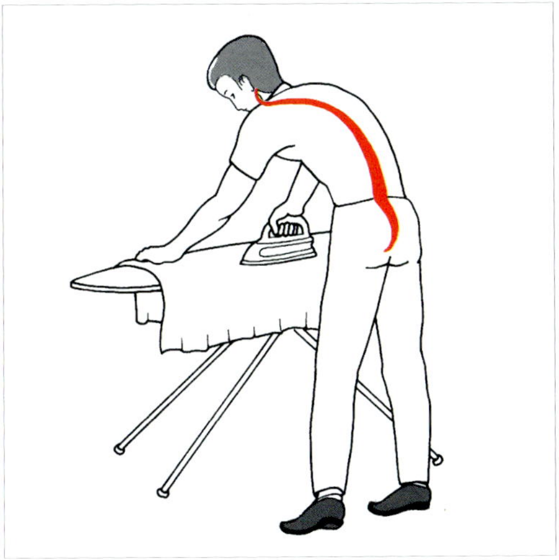

- falsche Höhe des Bügelbrettes, dadurch notwendiges häufiges Bücken und Drehen
- ungünstige Position des Wäschekorbes und der Ablage

B

Heben von schweren Lasten

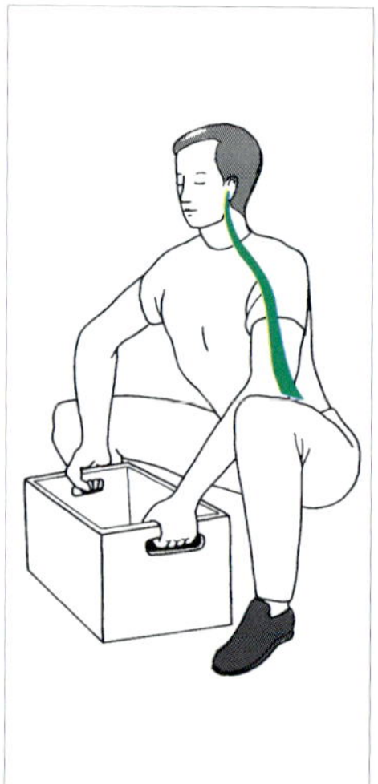

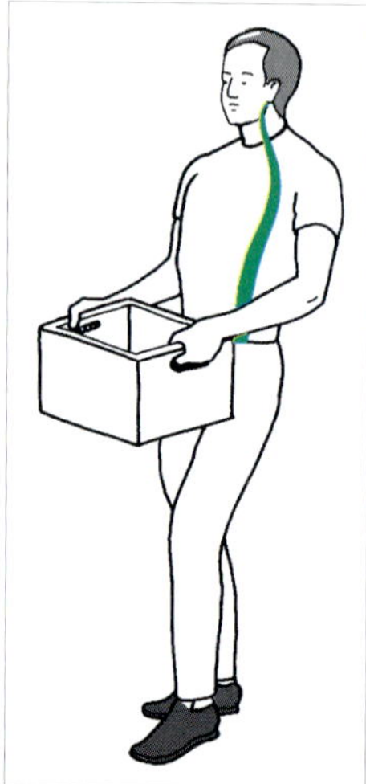

Häufig geht akuten Rückenschmerzen oder einem Hexenschuß ein sog. Verhebetrauma voraus: falsches Anheben und Tragen schwerer Lasten beinhaltet zwangsläufig, besonders in Kombination mit unkontrollierten Drehbewegungen, eine enorme Belastung für die Wirbelsäule und die Bandscheiben. Deshalb:

- beim Anheben schwerer Lasten immer mit gerader Wirbelsäule in die Knie gehen (vertikaler Bücktypus)
- beim Anheben nicht die Stellung der Wirbelsäule ändern, sondern aus den Knien und Oberschenkeln nach oben drücken
- die Last immer ganz nahe am Körper tragen: je größer der Abstand vom Körper, desto größer ist der Hebelarm und desto größer die einwirkende Belastung
- beim Absetzen der Last auf den Boden ebenfalls in die Knie gehen und die Wirbelsäulenform möglichst nicht verändern
- beim Einladen, z.B. in den Kofferraum, immer jede Abstützmöglichkeit nutzen!

Im Zweifelsfalle:

Einfach zweimal gehen! Es ist keine Schande, einige Flaschen aus einem Bierkasten auszupacken oder von vornherein kleine oder teilbare Kästen zu kaufen!

häufige Fehler

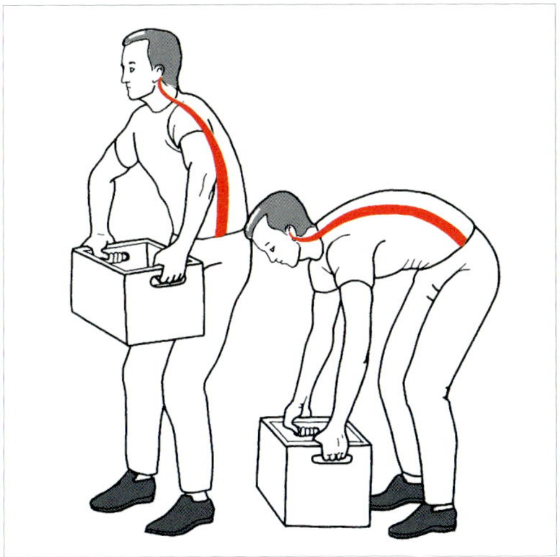

- die Last wird mit rundem Rücken oder fast gestreckten Beinen angehoben:
- der Abstand der Last zum Körper ist zu groß (Tip: lieber bei staubigen oder dreckigen Gegenständen eine Schürze umbinden, als drei Tage Kreuzschmerzen zu haben)
- das Absetzen erfolgt mit Schwung oder mit einem Rundrücken

Noch ein Tip:

Beobachten Sie mal genau, wie Gewichtheber ihre (extremen) Lasten aufnehmen!

B

Tragen von Lasten, z.B. Einkaufen

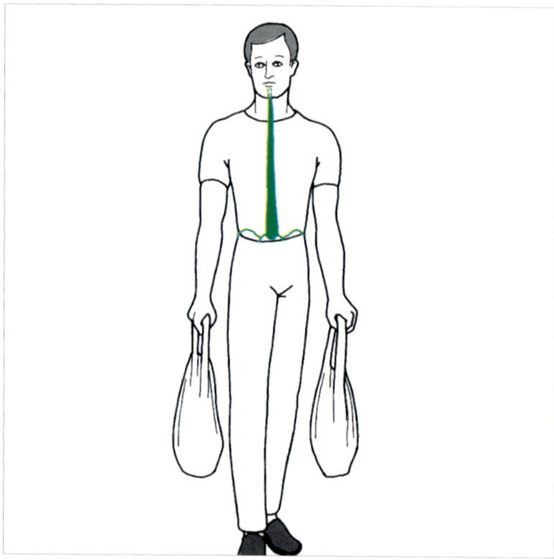

Es ist so banal, und doch wird es immer wieder vergessen oder falsch gemacht:

- Grundsätzlich müssen Gewichte auf beide Seiten, sprich auf beide Arme, gleichmäßig verteilt sein!
- lieber zwei halbvolle Taschen (eine links, die andere rechts) als einseitig eine volle Tasche!
- eine einseitige Belastung mit z.B. 10 Kilogramm (die beim Einkaufen schnell zusammenkommen) führt aufgrund des Hebelarms zu einer Mehrbelastung der Wirbelsäule um ca. 30-45 kg!
- wenn irgend möglich, Lasten nicht mit den Händen tragen, sondern Hilfsmittel wie ein Einkaufswägelchen benutzen

häufige Fehler

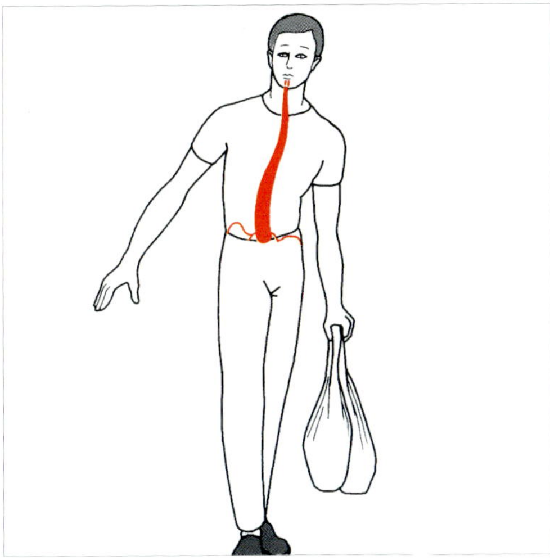

- einseitige Belastung
- ungleichmäßige Gewichtsverteilung
- Tragen überschwerer Lasten statt Nutzung eines Einkaufswägelchens
- unnötiges einseitiges Tragen, z.B. Aktentasche statt Schulranzen oder Rucksack

Noch eine Anmerkung zu Schultaschen:

Nachdem jahrelang der alte Schulranzen als altmodisch verpönt war und ganze Schülergenerationen ihre Bücher in Aktentaschen transportierten, hat es im vergangenen Jahrzehnt glücklicherweise wieder eine Trendwende zurück zu (bunten) Ranzen und Rucksäcken gegeben. Bedenkt man, daß bis zu fünf Kilogramm Bücher und Schulmaterialien täglich getragen werden müssen, wird die enorme Mehrbelastung bei falschem Tragegerät deutlich. Erziehen Sie deshalb ruhig Ihre Kinder dahin, daß – egal wie gut der Rucksack sein mag – nur das mitgenommen, **besser:** mitgetragen wird, was wirklich benötigt wird.

Ach ja, wieviel Kilogramm schleppen eigentlich Sie unnötig herum? Überlegen Sie doch mal, ob Ihnen nicht auch ein Rucksack gut stehen würde!

Heimwerken: Arbeiten in niedrigen Höhen und Über-Kopf-Arbeiten

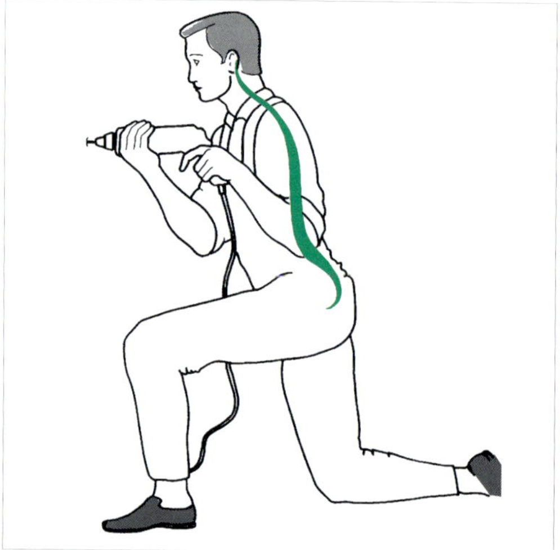

- Achten Sie immer darauf, daß Sie den richtigen Arbeitsabstand und die richtige Arbeitshöhe haben, ohne die Wirbelsäule unnötig zu krümmen!
- gehen Sie lieber in den halben Kniestand statt sich mit beiden Beinen zu bücken
- achten Sie auf eine sichere, stabile Ausgangsstellung
- besonders bei körperlich schweren, ermüdenden Arbeiten ist eine korrekte Stellung der Wirbelsäule eine gute Hilfe

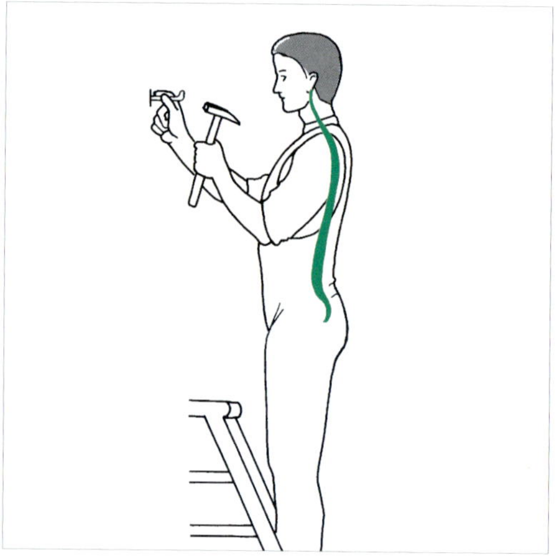

Auch beim Arbeiten in der Höhe gilt es, eine möglichst korrekte Wirbelsäulenstellung bei richtigem Arbeitsabstand zu erzielen. Praktisch jede Arbeit mit Tätigkeiten oberhalb der Augenlinie geht mit einer Überstreckung der Wirbelsäule mit Hohlkreuzbildung, besonders im Bereich der Lendenwirbelsäule einher. Deshalb:

- bei Über-Kopf-Arbeiten lieber stabile Leiter oder Trittstufe wählen
- auf richtigen und sicheren Arbeitsabstand achten, so daß ohne Hohlkreuz oder Rundrücken gearbeitet werden kann

häufige Fehler

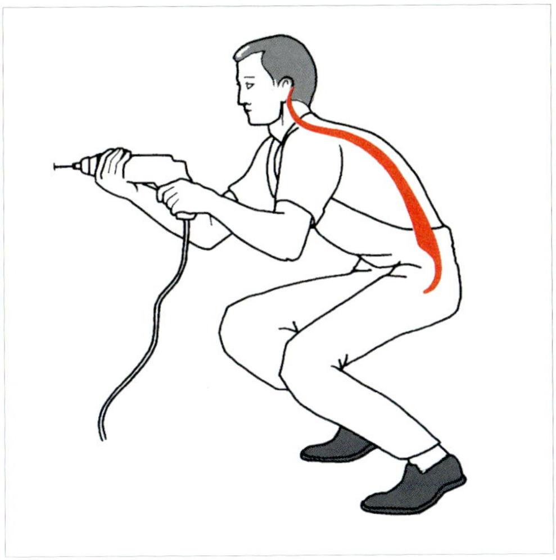

- unsichere und ermüdende Ausgangsstellung mit gekrümmten Rücken
- Beugung der Knie etc. statt Kniestand oder Sitzen

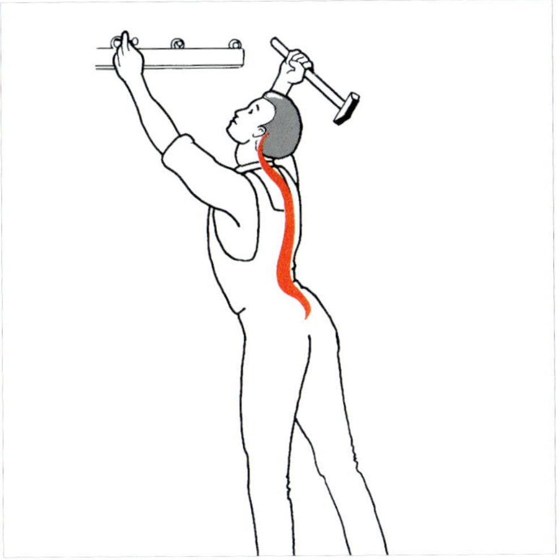

- Nichtnutzen von Arbeitserleichterungen wie Trittstufe oder Leiter
- unsicherer Stand und falscher Arbeitsabstand
- Überstreckung der Wirbelsäule (Hohlkreuzbildung)

B

Aufheben von Gegenständen

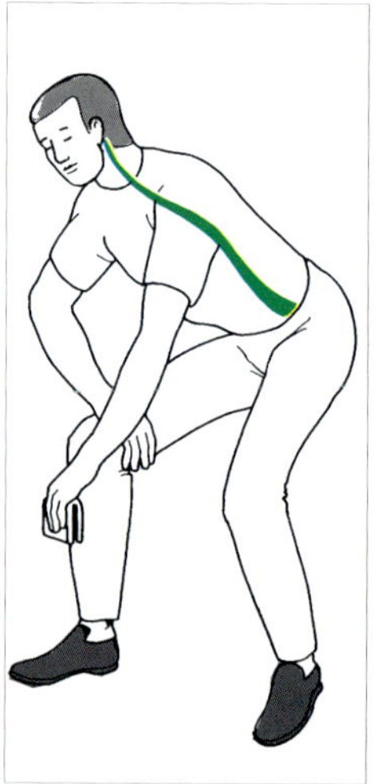

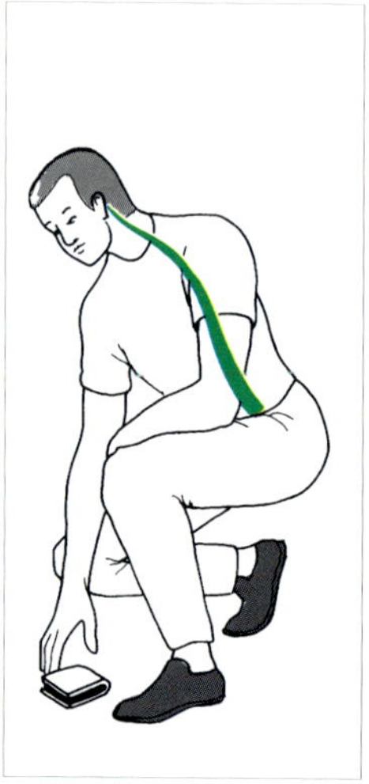

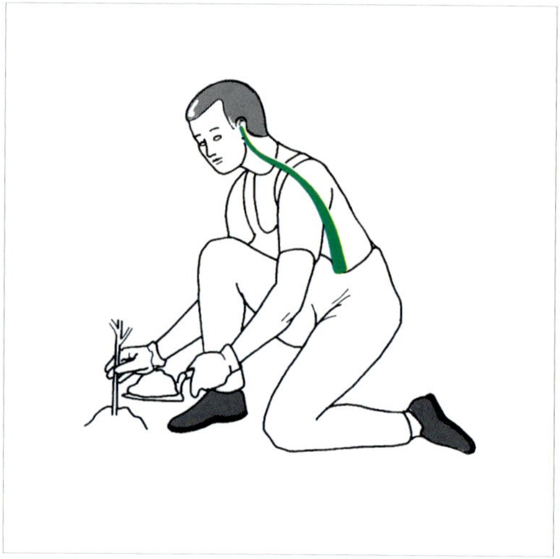

Warum sieht es bei einer Lufthansa-Stewardeß so elegant aus, wenn sie sich bückt, um etwas aufzuheben? Ganz einfach, weil sie es so gelernt hat! Jedes Beugen mit rundem Rücken und nur mäßig gebeugten Beinen sieht nicht nur weniger elegant aus, sondern ist auch wirbelsäulenunfreundlich! Besser:

- bei Bevorzugung des vertikalen Bücktyps in Schrittstellung beugen, eventuell mit abgestütztem Arm
- bei Bevorzugung des horizontalen Bücktyps ebenfalls ohne große Veränderung der Wirbelsäulenform durch Beugung im Hüftgelenk nach unten gehen, ggf. den Arm auf dem Oberschenkel abstützen

Auch im Garten gilt:

- grundsätzlich eine sichere, stabile Position einnehmen
- im Kniestand oder halben Kniestand kann man auch bodennah arbeiten, ohne die Wirbelsäule allzu sehr zu beanspruchen
- Geräte mit längeren Stielen erlauben ein aufrechteres Arbeiten

häufige Fehler

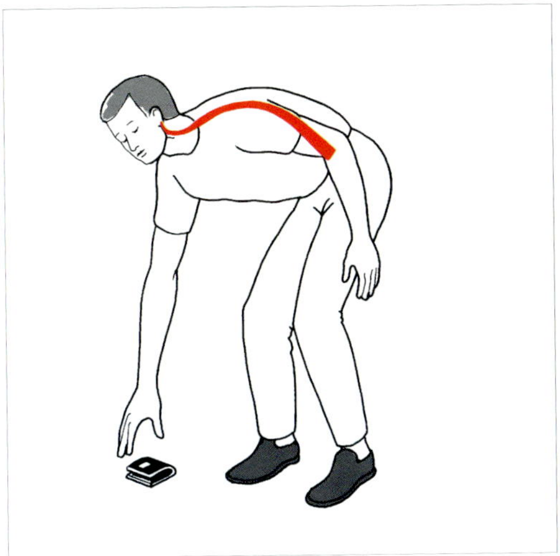

- jedes Bücken mit gerundetem Rücken!

B

Entlastungshaltungen

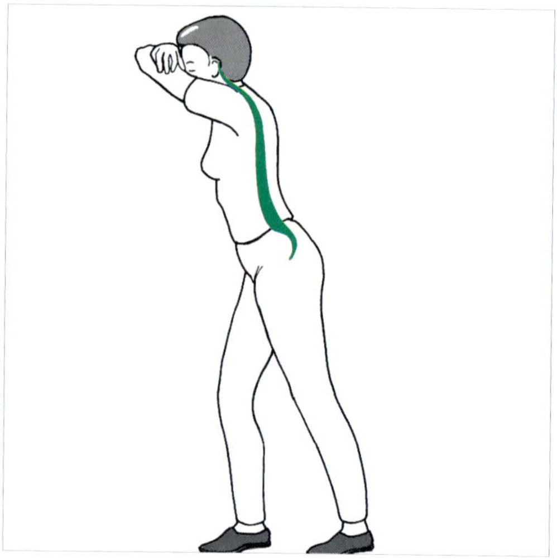

Manchmal ist es trotz aller Bemühungen um ein wirbelsäulengerechtes Verhalten nicht möglich, Zwangshaltungen und unangenehmere Stellungen zu vermeiden. In diesen Fällen sollte so oft wie möglich eine kurze "Minipause" in einer Entlastungshaltung eingelegt werden, um der Wirbelsäule samt der wirbelsäulenstützenden Muskulatur (und natürlich auch sich selbst) die Gelegenheit zur Entspannung zu geben.

Entlastungshaltungen im Stehen:

Im Stehen bietet sich an, mit dem Rücken zur Wand und hinter der Lendenwirbelsäule gekreuzten Armen mit hüftbreiten Beinen gerade angelehnt zu stehen. Besonders nach gebückten Haltungen mit Vorneigung der LWS bietet sich diese Haltung an.
Zur Entlastung der Brust- und Halswirbelsäule kann man sich auch mit dem Gesicht zur Wand und vor bzw. über dem Kopf gekreuzten Armen anlehnen.

Entlastungshaltungen

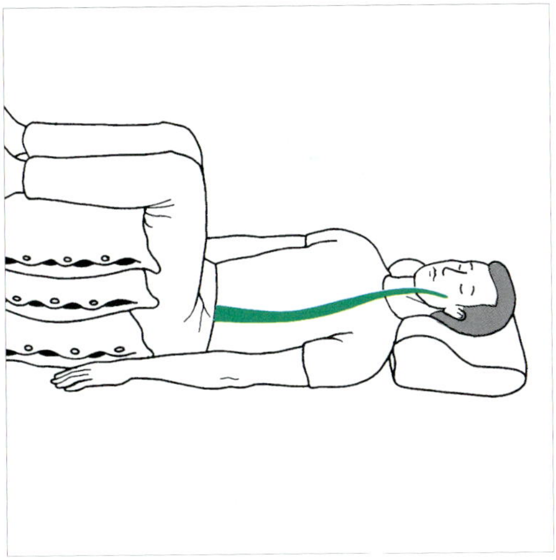

Entlastungshaltungen im Liegen:

Im Liegen benötigen wir Entlastungshaltungen eigentlich nur bei akuten Schmerzen, z.B. einem Hexenschuß. Die bestmögliche Entlastung der Wirbelsäule, Muskulatur und der austretenden Spinalnerven wird erzielt, wenn die Ober- und Unterschenkel annähernd rechtwinklig gebeugt sind und der Körper sonst flach liegt. Selbstverständlich sollte die Halswirbelsäule mit einem orthopädischen Kissen, daß die Lordose unterstützt, z.B. dem RUHE-WOHL Nackenkissen, unterlegt sein.

Entlastungshaltungen

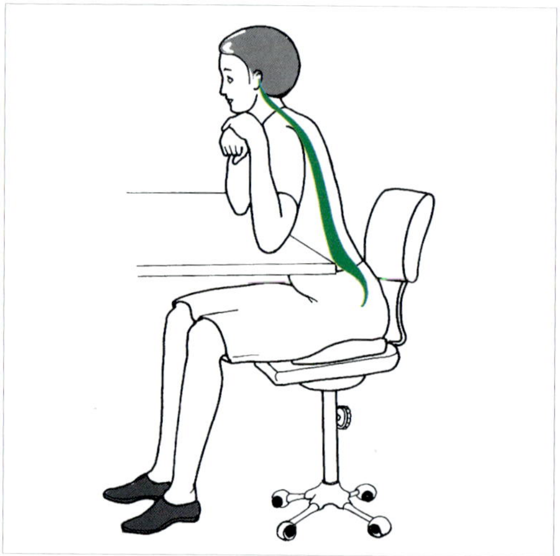

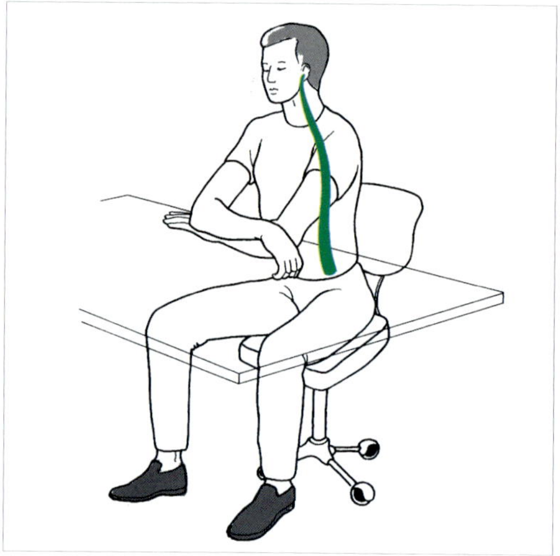

Entlastungshaltungen im Sitzen:

Besonders bei monotoner Schreibtischarbeit ist es immer wieder günstig, kurzfristig eine Entlastungshaltung einzunehmen. Hierzu eignen sich alle dargestellten Haltungen.

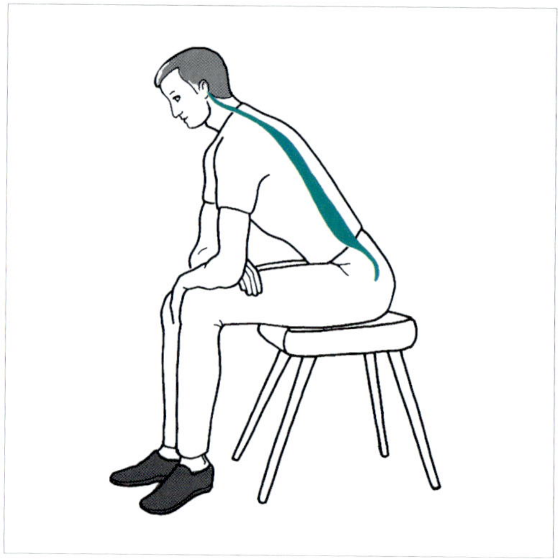

Der Übungsteil

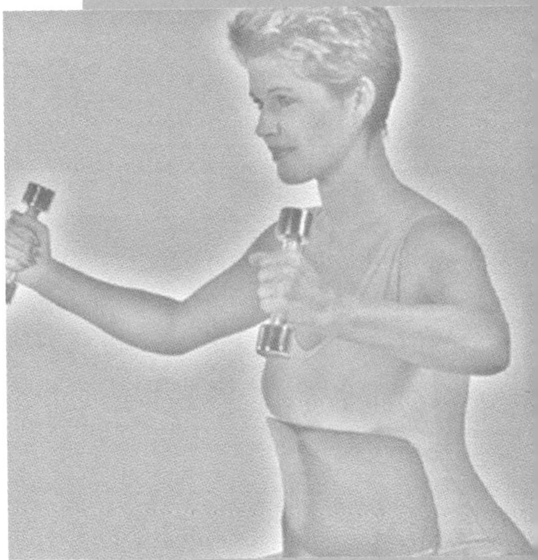

Wie gehe ich mit dem Übungsteil um?

Der folgende Übungsteil gliedert sich in vier Abschnitte:

- Mobilisationsübungen
- Kräftigungsübungen
- Dehnübungen und
- Übungen mit dem Gymnastikball

Daneben haben wir noch im Anhang einige Übungen aufgeführt, die Sie vielleicht in der Schule oder im Sport kennengelernt haben, und die leider auch heute noch verschiedenerorts gelehrt werden, jedoch aus krankengymnastischer, anatomischer und orthopädischer Sicht als nicht sinnvoll abzulehnen sind.

Mobilisationsübungen dienen in erster Linie zur Erhaltung der Beweglichkeit der Bewegungssegmente. Sowohl die Gelenke als auch der Bandapparat und die Muskulatur sollen bei diesen Übungen gelockert und mobilisiert werden. Diese Übungen bereiten auch auf die Kräftigungsübungen vor und sollten grundsätzlich vor diesen durchgeführt werden. Daneben entwickelt sich durch diese Mobilisationsübungen ein besseres Körpergefühl und Sie lernen die Bewegungsabläufe der Wirbelsäule besser kennen.

Kräftigungsübungen dienen dem Aufbau der wirbelsäulenstützenden Muskulatur. Nur eine leistungsfähige, geübte Rückenmuskulatur kann die Wirbelsäule entsprechend stützen, nur mit einer trainierten Muskulatur kann die richtige Haltung ohne Verspannungen gewahrt werden.

Dehnungsübungen haben den Sinn, Verspannungen der Muskulatur vorzubeugen und bei verkürzten Muskeln bereits vorhandene Spannungen zu lösen. Schmerzen, die durch verspannte und verkürzte Muskeln verursacht werden, können durch regelmäßiges Dehnen behoben werden.

Die **Übungen mit dem Gymnastikball** beinhalten sowohl Mobilisations- als auch Kräftigungs- und Dehnübungen. Da nicht jeder Leser (noch nicht) einen Ball sein eigen nennt – obwohl diese Bälle auch ganz ausgezeichnete Sitzgelegenheiten sind – haben wir diese Übungen hintangestellt.

Sie sollten nun nicht versuchen, von der ersten bis zur letzten Übung alle Übungen auf einmal zu erlernen – dann wären Sie nicht nur mehrere Stunden beschäftigt, sondern hätten am Folgetag sicherlich die Lust an regelmäßiger Wirbelsäulengymnastik verloren.

Stattdessen sollten Sie sich zuerst einige wenige Übungen erarbeiten und dann langsam Ihr "Repertoire" vergrößern. Besser 3 x pro Woche einige Übungen durchführen als einmal wöchentlich viele Übungen!

Zu jedem Bereich der Wirbelsäule, also HWS, BWS und LWS, finden Sie verschiedene Übungen, meist mit unterschiedlichen Ausgangsstellungen. Fangen Sie mit solchen Übungen und Ausgangsstellungen an, die Ihnen am wenigsten Schwierigkeiten bereiten. Auf jeden Fall sollte Ihr Programm mit einigen Mobilisationsübungen anfangen, die alle Bewegungsrichtungen umfassen, anschließend einige Kräftigungsübungen beinhalten, um dann mit Dehnübungen abzuschließen.

Sie werden schnell merken, daß Sie zahlreiche Übungen, besonders die Mobilisationsübungen, auch an Ihrem Arbeitsplatz durchführen können. Warum gönnen Sie sich selbst und Ihrer Wirbelsäule und Muskulatur nicht zwischendurch eine kurze Entspannung?

Sollten Sie in krankengymnastischer oder physiotherapeutischer Behandlung sein, fragen Sie ruhig Ihre Behandlerin oder Ihren Behandler nach den für Sie und Ihre Beschwerden optimalen Übungen und lassen Sie sich so Ihr individuelles Übungsprogramm maßschneidern. Auch bei akuten Schmerzzuständen ist es sinnvoll, sich zunächst von einer Krankengymnastin oder einem Physiotherapeuten anleiten zu lassen.

Jede der aufgeführten Übungen ist für alle Personen, ob völlig gesund oder behandlungsbedürftig, geeignet. Bei den wenigen Übungen, die für frischoperierte Patienten (z.B. nach Bandscheiben-OP) weniger empfehlenswert sind, haben wir dies besonders vermerkt.

Bei allen Übungen haben wir die häufigsten Fehlermöglichkeiten zusammengestellt und die Wirbelsäule schematisch dargestellt, damit Sie sich selbst kontrollieren können. Anfangs ist es eine wertvolle Hilfe, wenn Sie Ihre Haltung und die Ausführung der einzelnen Übung vor einem Spiegel verfolgen oder vielleicht Ihren Partner um Korrekturhinweise bitten.

Folgende Grundregeln mögen Sie bitte bei allen Übungen beachten:

- keine ruckhaften, schnellen Bewegungen oder Verdrehungen des Rückens machen
- beim Hinlegen oder Aufstehen seitlich abrollen
- “Minipausen” einlegen, häufige Bewegungspausen machen
- nie während der Übung die Luft anhalten, sondern immer durchatmen
- zweckmäßige, lockere Kleidung wählen, die die Bewegung nicht einschränkt
- Schmerzen dürfen bei keiner der folgenden Übungen auftreten

I

Mobilisationsübungen

Während Kräftigungsübungen im allgemeinen dem Aufbau und, wie der Name ja bereits sagt, der Kräftigung der betroffenen Muskelpartien dienen, liegt der Sinn und Zweck von Lockerungs- oder Mobilisationsübungen darin, die zu trainierende Muskulatur vor den Kräftigungsübungen geschmeidig zu machen und eventuell bestehende Verspannungen zu lösen. Derartige Verspannungen oder Anspannungen bestehen nicht nur bei Erkrankungen oder Veränderungen der Wirbelsäule, sondern auch bei völlig unauffälligen Achsenorganen, da besonders im Bereich der Rückenmuskulatur bei nicht einwandfreier Haltung extreme Mehr- oder Dauerbelastungen auftreten können.

Außerdem wird durch Mobilisationsübungen ohne Kraftanstrengung der Bewegungsumfang einzelner Gelenke oder von Gelenksketten, z.B. der Hals-, Brust- und Lendenwirbelsäule erhalten und vergrößert.

Wichtigste Voraussetzung bei Lockerungsübungen aller Art ist, daß die Ausgangsstellung völlig entspannt ist. Deshalb ist es zweckmäßig, zum Beispiel bei den Ausgangsstellungen in Rückenlage, für eine geeignete, bequeme Unterlage zu sorgen. Am einfachsten ist es, eine dünne Decke auf den Fußboden zu legen, damit Auflagestellen wie der Hinterkopf, die Brustwirbelsäule oder das Kreuzbein nicht schmerzen. Die Lendenwirbelsäule kann eventuell mit einer kleinen Rolle unterlagert werden. Auf dem Bett können diese Übungen in der Regel nur unbefriedigend durchgeführt werden, da zumindest bei weichen Betten das Gesäß zu sehr einsinkt und somit die korrekte Stellung der Wirbelsäule nur mit Kraftaufwand gehalten werden kann.

Während sich die Extremitätenmuskulatur (Arm, Bein) direkt lockern oder mobilisieren läßt, kann dies bei der Rückenmuskulatur nur indirekt, das heißt, über Bewegungen der am Körperstamm ansetzenden oder entspringenden Muskulatur, erfolgen. Um so wichtiger ist es, daß die korrekte Ausgangsstellung vor Übungsbeginn eingenommen wird.

1 Brust- und Lendenwirbelsäule: Rückenrundung und Beckenkippung

1. Ausgangsstellung korrekte Sitzhaltung (siehe unter Teil B, gegebenenfalls wiederholen!)
2. das Becken nach hinten kippen und den Bauchnabel Richtung Brustbein bewegen: die Lendenwirbelsäule rundet sich dabei nach hinten ab
3. Becken wieder nach vorne kippen: leichtes Hohlkreuz bilden und den Abstand vom Bauchnabel zum Brustbein vergrößern

Wiederholungen:

8-10 x

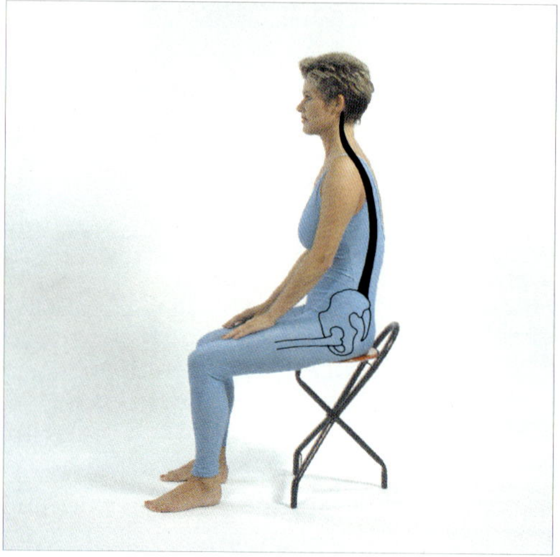

Übungsfehler

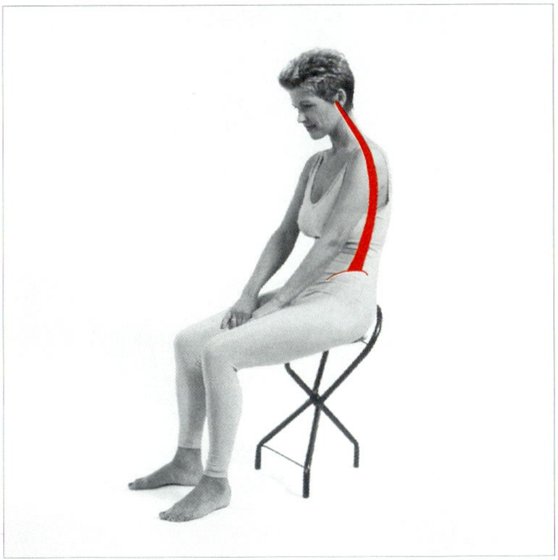

- jede Bewegung der Wirbelsäule zur Seite
- der gesamte Oberkörper wird bewegt bzw. verlagert
- die Bewegungen werden zu schnell ausgeführt
- Heben oder Senken der Schultern

C

2 Brust- und Lendenwirbelsäule: Seitneigung im Sitzen

1. Ausgangsstellung aufrechtes Sitzen
2. Oberkörper langsam nach rechts neigen, ohne nach vorne oder hinten zu drehen
3. Oberkörper langsam nach links neigen

Beachte:

bei der Seitwärtsneigung bleibt das Gewicht gleichmäßig auf den Sitz verteilt

Hinweis:

Diese Übung kann auch mit in der Taille abgestützten oder vor der Brust verschränkten Armen durchgeführt werden.

Wiederholungen:

8-10 x

Übungsfehler

- das Gewicht wird von einer Beckenhälfte auf die andere verlagert
- der Kopf wird stehengelassen und nicht in die Bewegung mit einbezogen
- die Schultern werden ein- oder beidseitig hochgezogen

C

3

Brust- und Lendenwirbelsäule: Drehung im Sitzen

1. Ausgangsstellung aufrechtes Sitzen
2. die Arme hängen frei herunter oder sind alternativ in der Taille abgestützt oder vor der Brust verschränkt
3. der gesamte Oberkörper wird langsam nach links und rechts gedreht, ohne daß das Gewicht verlagert wird

Wiederholungen:

8-10 x

Übungsfehler

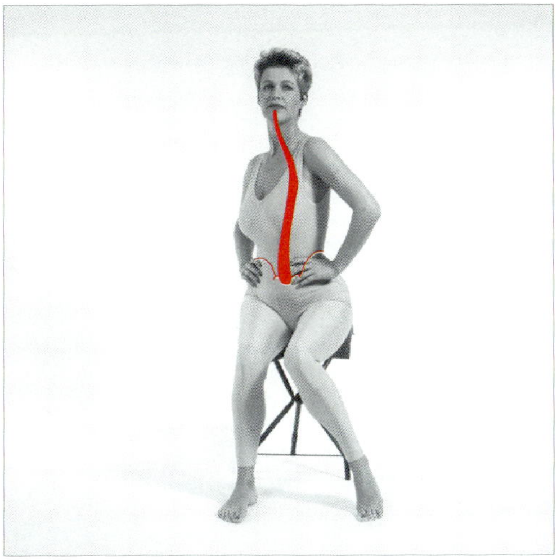

- die Übung wird mit Kraft und zu schnell durchgeführt
- das Gewicht auf dem Sitz wird verlagert
- das Becken dreht mit

C

Brustwirbelsäule: Rippenmobilisation im Sitzen

1. Ausgangsstellung aufrechtes Sitzen
2. beide Arme senkrecht über den Kopf ausstrecken
3. wechselseitig linken und rechten Arm nach oben herausschieben, wodurch sich die jeweilige Brustkorbseite durch ein Auseinanderweichen der Rippen verlängert bzw. bei Senkung verkürzt

Wiederholungen:

8-10 x

Übungsfehler

- der Oberkörper kippt nach vorne oder hinten
- ruckhaftes, schnelles Durchführen
- nur die Schultern werden bewegt, ohne daß die Brustkorbseite verlängert oder verkürzt wird

C

5

Halswirbelsäule: Beugung und Streckung im Sitzen

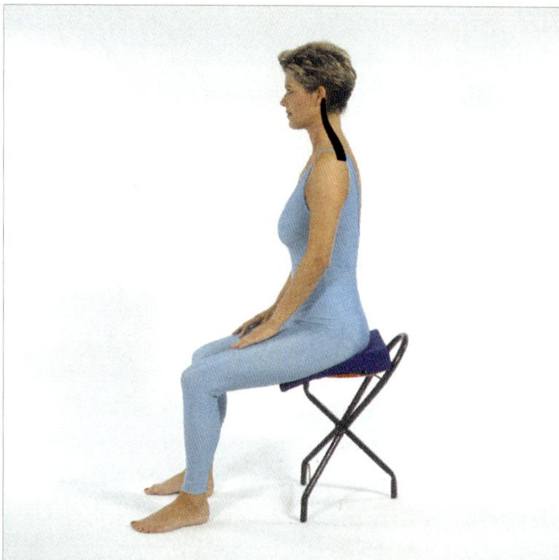

1. Ausgangsstellung aufrechtes Sitzen
2. die Hände auf den Oberschenkeln ablegen oder die Fingerspitzen an den Hinterkopf legen und den Kopf abstützen
3. langsam den Kopf nach vorne beugen
4. langsam den Kopf wieder aufrichten und nach hinten strecken

Wiederholungen:

6-8 x

Übungsfehler

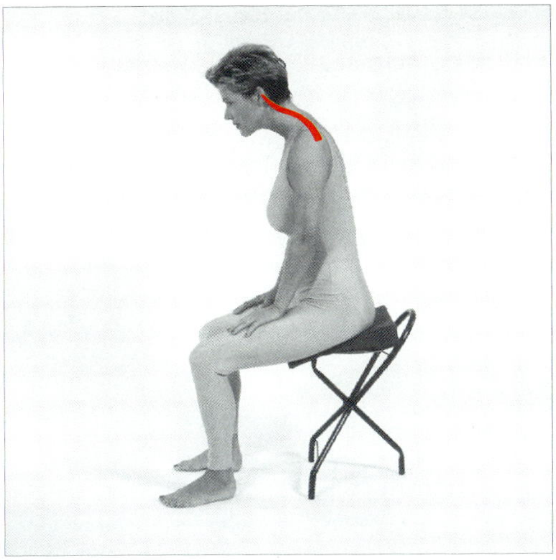

- das Kinn wird beim Beugen nach vorne heraus geschoben oder bei der Aufrichtung an den Hals gezogen
- der Kopf wird zur Seite geneigt, die Augen stehen nicht horizontal
- die gesamte Wirbelsäule wird mitbewegt

6 Halswirbelsäule: Seitneigung im Sitzen

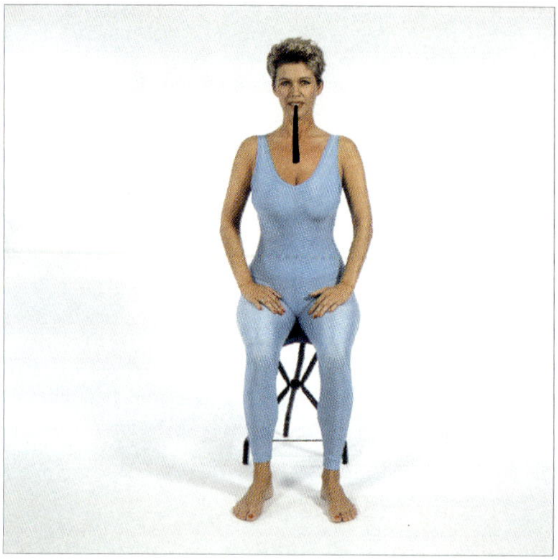

1. Ausgangsstellung aufrechtes Sitzen
2. die Hände werden auf dem Oberschenkel abgelegt
3. Kopf nach rechts und links neigen, dabei schauen die Nasenspitze und die Augen immer geradeaus

Wiederholungen:

6-8 x

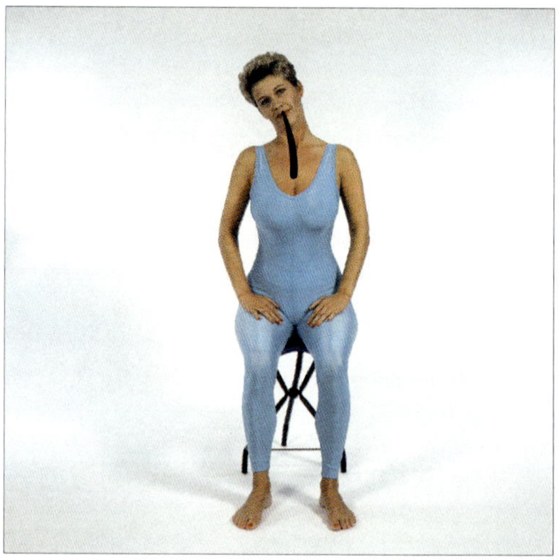

Übungsfehler

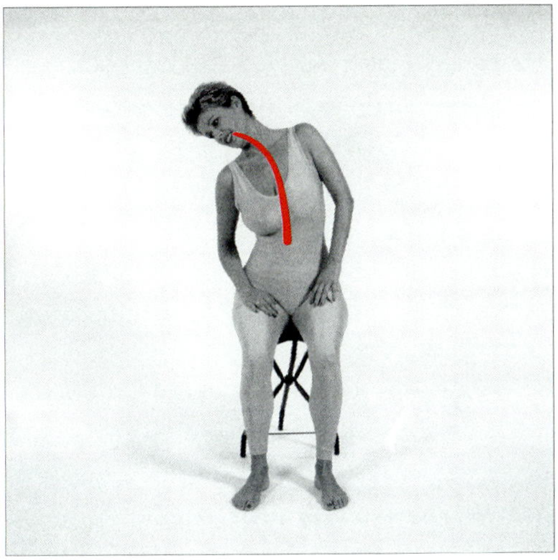

- Nase und Augen ändern bei der Bewegung ihre Richtung
- der Kopf wird verdreht
- die Übung wird zu schnell und kraftvoll durchgeführt

7 Halswirbelsäule: Drehung im Sitzen

1. Ausgangsstellung Sitzen
2. Hände auf den Oberschenkeln locker auflegen
3. Kopf langsam über die rechte und linke Schulter nach hinten drehen

Wiederholungen:

6-8 x

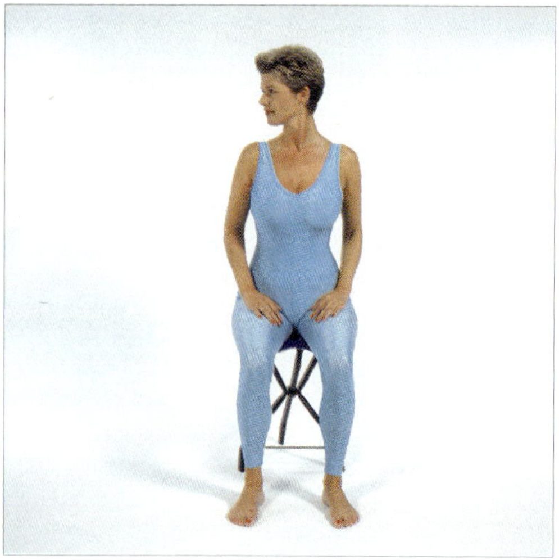

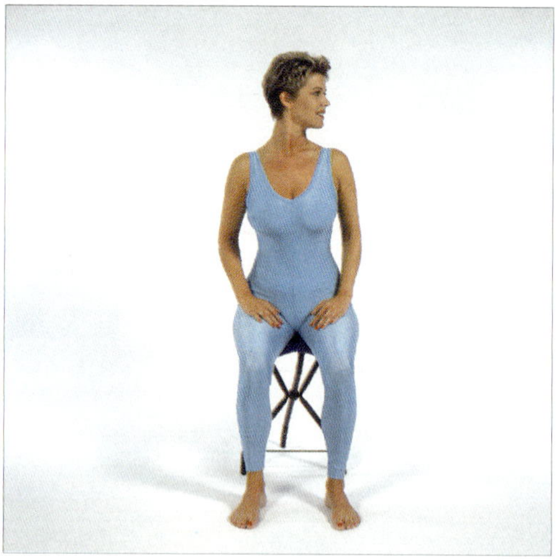

Übungsfehler

- das Kinn wird angehoben oder gesenkt
- der Kopf wird überdreht
- die Schultern oder die ganze Wirbelsäule werden mitbewegt

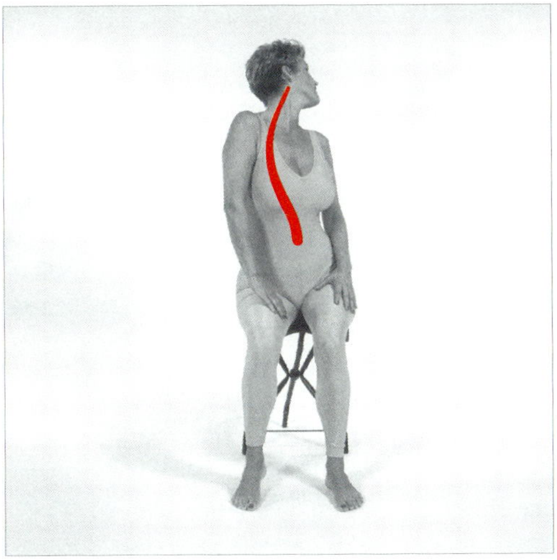

8

Halswirbelsäule: Kombinierte Bewegung mit Kopfbeugung

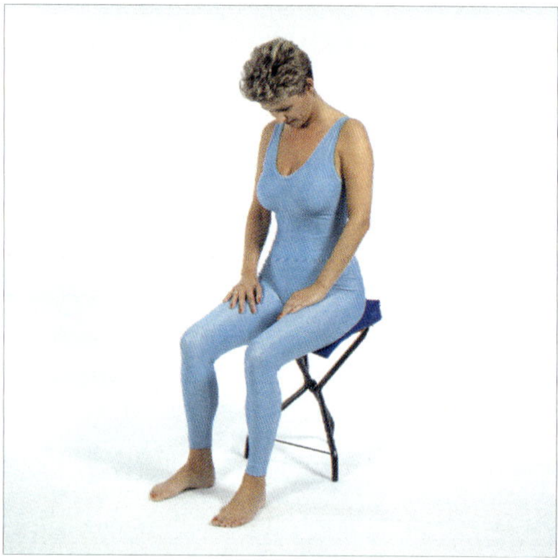

1. Ausgangsstellung aufrechtes Sitzen
2. Hände auf den Oberschenkeln locker aufgelegt
3. Kopf nach vorne beugen
4. Kinn langsam nach links und rechts bewegen

Wiederholung:

6-8 x

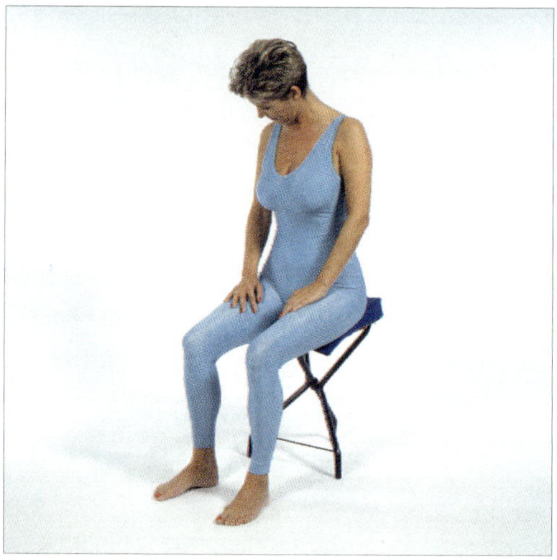

Übungsfehler

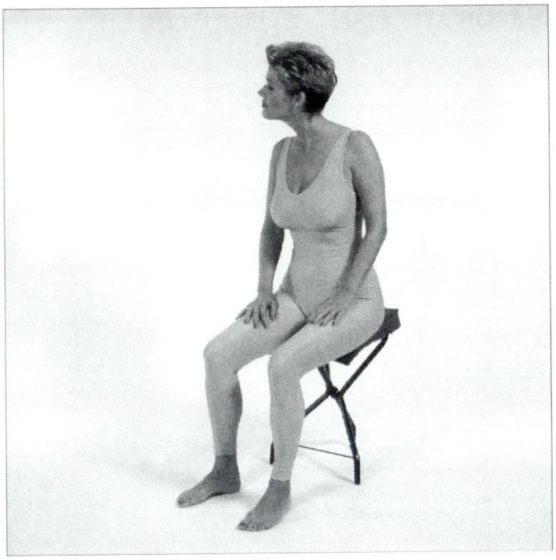

- das Kinn wird nach vorne herausgestreckt
- die Schultern werden mitbewegt
- jede Mitbewegung der Brust- und Lendenwirbelsäule

C

9 Halswirbelsäule: Kombinierte Bewegung mit Kopfstreckung

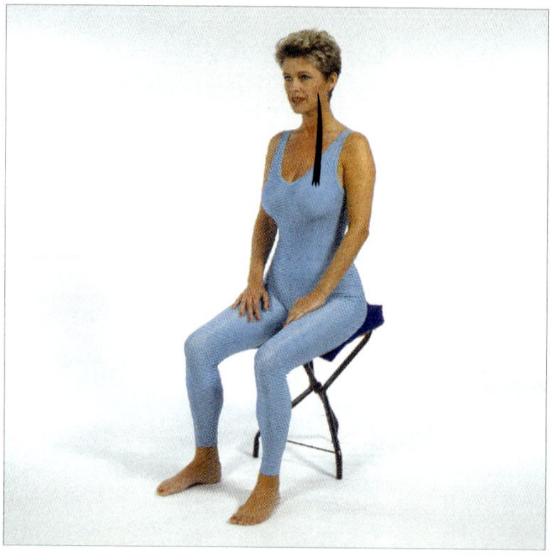

1. Ausgangsstellung aufrechtes Sitzen
2. Hände auf den Oberschenkeln oder in der Taille abstützen
3. über die linke Schulter nach links hinten oben schauen
4. über die rechte Schulter nach rechts hinten oben schauen

Wiederholung:

6-8 x

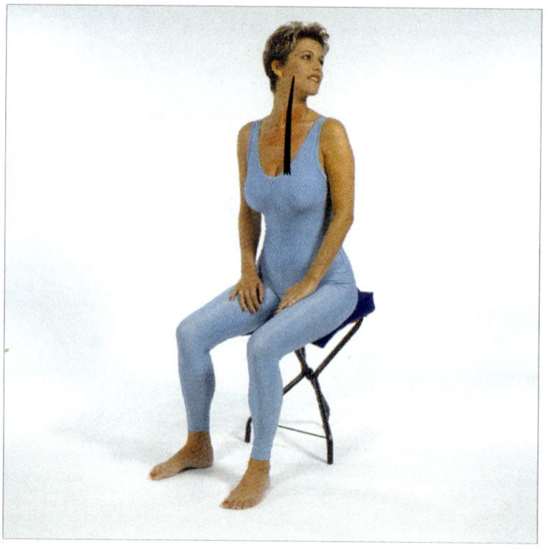

Übungsfehler

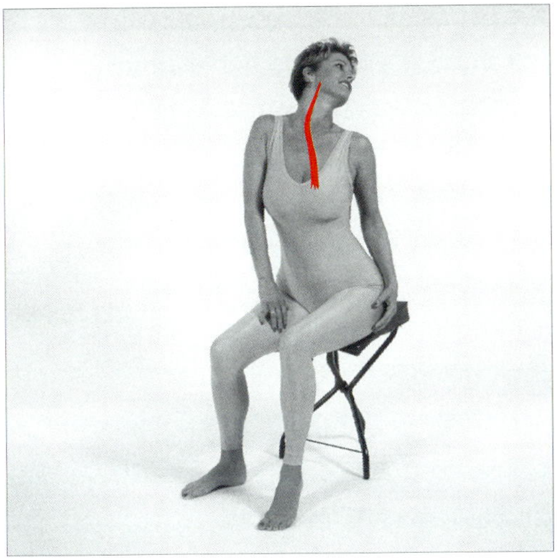

- die Übung wird zu schnell durchgeführt
- der Kopf wird beim Schauen über die linke Schulter nach rechts geneigt bzw. beim Schauen über die rechte Schulter nach links geschoben
- die Schultern werden mitbewegt
- jede Mitbewegung der Brust- und Lendenwirbelsäule

C

10 Brust- und Lendenwirbelsäule: Beugung und Streckung aus der Rückenlage

1. Ausgangsstellung Rückenlage auf einer nicht zu harten Unterlage (eventuell auf dem Boden mit einer Decke oder Gymnastikmatte)
2. beide Beine leicht beugen
3. langsam das Becken aufrichten und dabei leicht ins Hohlkreuz gehen (der Abstand Schambein-Brustbein verlängert sich)
4. auf dem Kreuzbein wieder abrollen: der Abstand Schambein-Brustbein verkürzt sich

Wiederholung:

8-10 x

Übungsfehler

- die Bewegung wird mit Kraft durchgeführt
- die Bewegung wird ruckhaft und zu schnell durchgeführt
- es wird zu stark ins Hohlkreuz bewegt

C

11 Brust- und Lendenwirbelsäule: Drehung aus der Rückenlage

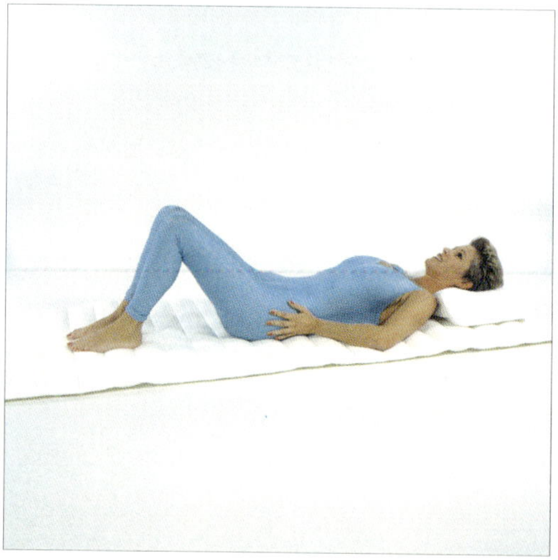

1. Ausgangsstellung Rückenlage auf bequemer Unterlage
2. Gesäß, Brustwirbelsäule und das Hinterhaupt liegen breitflächig auf der Unterlage auf
3. die Beine werden leicht gebeugt aufgestellt
4. beide Beine nach links und rechts bewegen, ohne daß der Kontakt des Gesäßes mit der Unterlage verloren geht

Wiederholung:

8-10 x

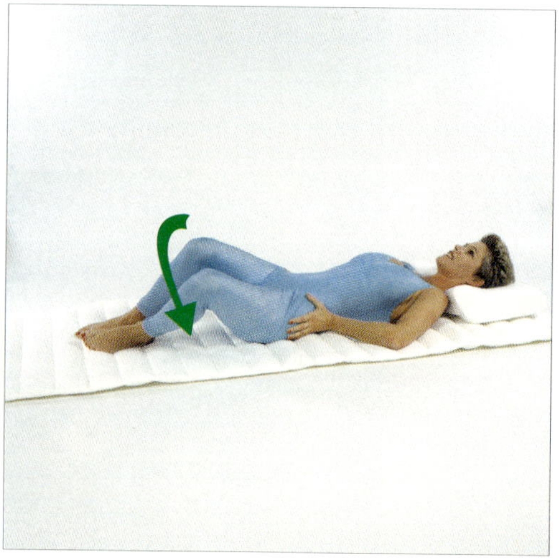

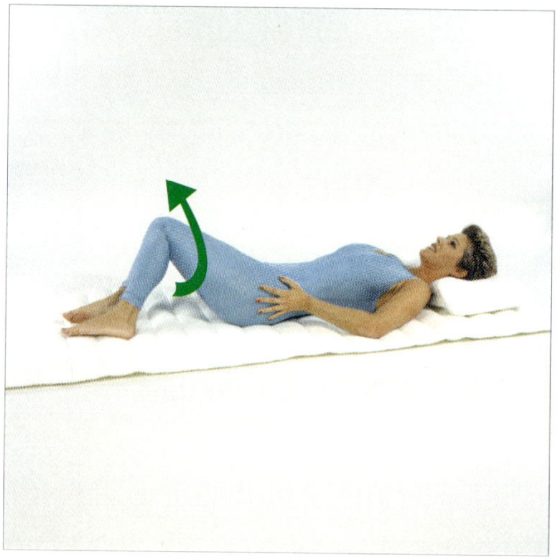

Übungsfehler

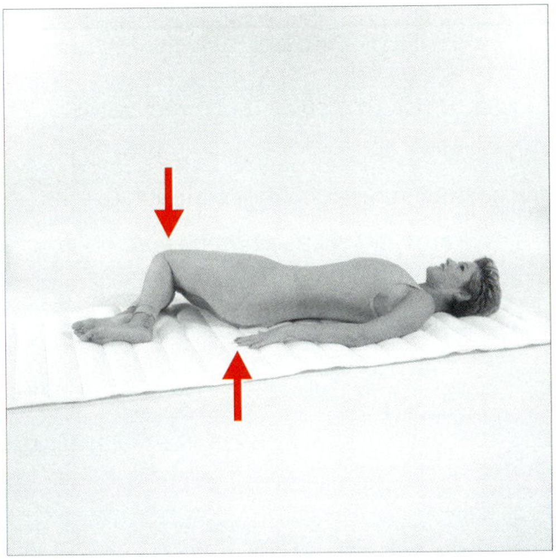

- die Wirbelsäule wird gerundet und der Kontakt des Gesäßes zum Boden geht verloren
- der Kopf wird von der Unterlage abgehoben
- zu schnelle Bewegung, zu großer Bewegungsumfang

12 Lendenwirbelsäule und Becken: Seitneigung aus der Rückenlage

1. Ausgangsstellung Rückenlage auf geeigneter Unterlage
2. Gesäß, Brustwirbelsäule und Hinterhaupt liegen sicher auf
3. mit gestreckten, leicht abgespreizten Beinen die Knie im Wechsel herausschieben, ohne die Lage der Brustwirbelsäule und des Kopfes zu verändern

Wiederholungen:

8-10 x

Variation der Ausgangsstellung: die Beine werden nicht gestreckt, sondern gebeugt.

Übungsfehler

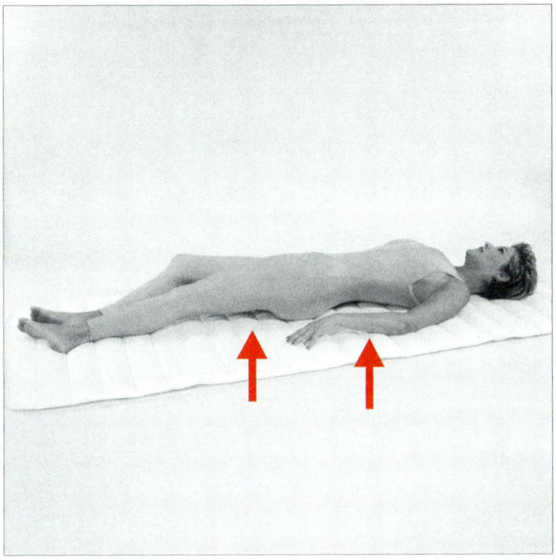

- die Brustwirbelsäule wird mitbewegt
- Kopf oder Wirbelsäule werden seitlich verdreht
- die Knie kippen seitlich weg

C

13 Gesamte Wirbelsäule: Beugung und Streckung aus dem Vierfüßlerstand

1. Ausgangsstellung Vierfüßlerstand
2. die Handflächen stehen parallel etwas vor den Schultern
3. Rumpf und Oberschenkel bilden ebenso wie Oberschenkel und Unterschenkel ungefähr einen rechten Winkel
4. der Kopf steht in Verlängerung der Wirbelsäule, das Kinn wird nicht angehoben oder gesenkt
5. die Wirbelsäule langsam Wirbel für Wirbel abrunden (katzbuckeln)
6. anschließend Wirbelsäule ebenso langsam wieder absenken

Wiederholung:

10 x

Übungsfehler

- die Übung wird zu schnell durchgeführt
- der Kopf bzw. die Halswirbelsäule wird nicht in die Bewegung miteinbezogen
- besonders Halswirbelsäule oder Kopf werden überstreckt
- die Wirbelsäule wird nicht nur nach oben angehoben oder nach unten abgesenkt, sondern zur Seite verbogen

Hinweis:

Bei dieser Übung werden, wenn sie korrekt durchgeführt wird, die einzelnen Bewegungssegmente gegeneinander mobilisiert. Besonders die kleinen Wirbelgelenke erfahren eine langsame und nicht belastende Bewegung. Da gerade an den kleinen Wirbelgelenken bei älteren Menschen häufig degenerative Erscheinungen auftreten, die Schmerzen verursachen, ist es unbedingt notwendig, diese Übungen langsam und bewußt, ohne Kraft durchzuführen. Daneben wird der gesamte Bandapparat, der die einzelnen Bewegungssegmente miteinander verbindet und stabilisiert, ebenso wie die Muskulatur aktiviert.

14 Gesamte Wirbelsäule: Seitneigung aus Vierfüßlerstand

1. Ausgangsstellung Vierfüßlerstand
2. die Hände werden parallel etwas vor den Schultern aufgesetzt
3. Oberschenkel und Rumpf bilden ebenso wie Oberschenkel und Unterschenkel annähernd einen rechten Winkel
4. rechte und linke Beckenhälfte im Wechsel langsam in Richtung rechter bzw. linker Schulter vorschieben, wobei der Kopf immer in Verlängerung der Brustwirbelsäule steht

Wiederholung:

10 x

Übungsfehler

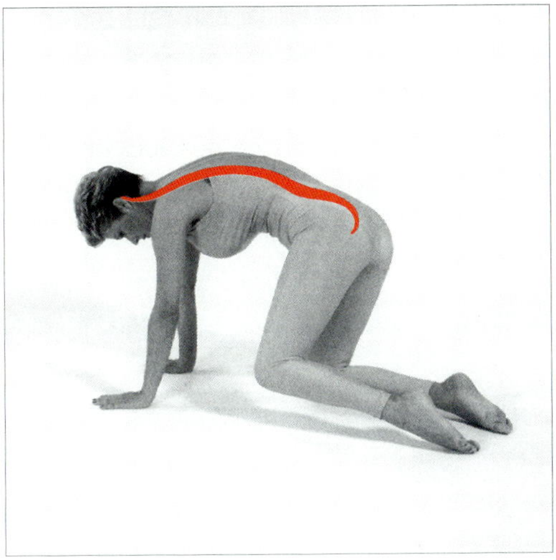

- die Übung wird zu schnell und mit Kraft durchgeführt
- das Kinn wird abgesenkt oder überstreckt
- der Rücken wird abgerundet
- das Gewicht wird einseitig nach rechts oder links verlagert und nicht auf einem Vierstützpfeiler (Arme und Beine) belassen

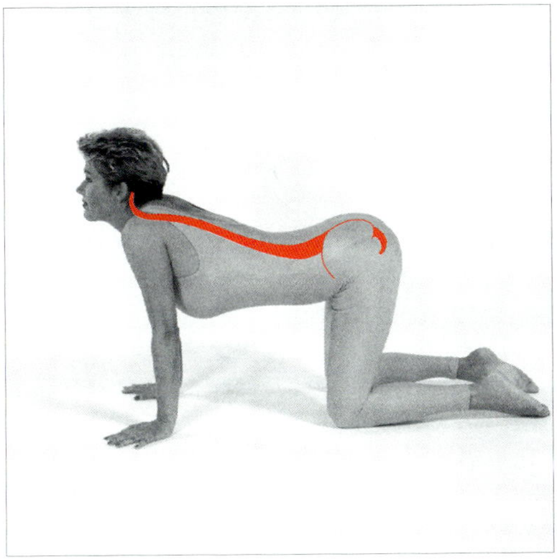

Hinweis:

Bei dieser Übung werden ebenfalls die einzelnen Bewegungssegmente sowie die zugehörigen Bänder und Muskeln mobilisiert. Im Gegensatz zur vorigen Übung werden jedoch überwiegend die kleinen Wirbelgelenke bewegt.

C

II Kräftigungsübungen für die wirbelsäulenstützende Muskulatur

Während die Übungen im letzten Kapitel in erster Linie dazu dienen, die Wirbelsäule und die begleitenden Strukturen, wie z.B. den Bandapparat und die Muskulatur zu mobilisieren, sollen im folgenden einige Übungen besprochen werden, die der Kräftigung der wirbelsäulenstützenden Muskulatur dienen. Dies ist insofern notwendig, als die Wirbelsäule als Kette von Gelenken unbedingt auf die Unterstützung und Haltefunktion der Muskulatur angewiesen ist. So kann eine schwache Rücken-, Hals- und Gesäßmuskulatur natürlich nur einen schwachen Halt für die Wirbelsäule bieten. Ist dagegen die Rückenmuskulatur und die Halsmuskulatur kräftig ausgebildet, kann sie weitaus besser ihre Stützfunktion erfüllen. Deshalb ist es sehr sinnvoll, die wirbelsäulenstützende Muskulatur zu kräftigen, so daß sie auch Abweichungen von der Form, z.B. Auslenkungen zur Seite, sogenannte Skoliosen, kompensieren kann.

Wie kann dies nun erfolgen? Sie haben sicherlich bereits schon in Ihrer Kindheit von Eltern, Verwandten oder dem Hausarzt Empfehlungen gehört, z.B. regelmäßig schwimmen zu gehen. Ausgerechnet diese Sportart ist jedoch keineswegs besonders gut geeignet, die Rückenmuskulatur zu trainieren. Dies liegt daran, daß der Körper im Wasser getragen wird und die Belastung für die wirbelsäulenaufrichtende Muskulatur dementsprechend niedrig ist.

Der sinnvollste Weg, die wirbelsäulenstützende Muskulatur aufzubauen, ist deshalb, regelmäßig selektive Kräftigungsübungen durchzuführen. Wir stellen deshalb im folgenden einige Übungen vor, mit denen Sie geordnet nach Körperregionen die wirbelsäulenstützende Muskulatur kräftigen können. Natürlich gilt auch hier: nur regelmäßige Übung kann zu dem gewünschten Erfolg führen.

Sie werden feststellen, daß bei keiner der folgenden Übungen nur die Wirbelsäulenmuskulatur alleine gekräftigt wird. Bei fast allen Übungen werden auch andere Muskelgruppen, die mit der Wirbelsäule in Verbindung stehen, z. B. die Schultergürtel- oder Beckengürtelmuskulatur, mittrainiert. Ebenso ist es unbedingt notwendig, die Gegenspieler der Rückenmuskulatur zu trainieren, damit ein Kräftegleichgewicht besteht. Während zum Beispiel die langen Rückenmuskeln die Wirbelsäule aufrichten, können die Bauchmuskeln als Gegenspieler die Wirbelsäule nach vorne beugen. Möchte man also die Wirbelsäulenmuskulatur aufbauen, müssen auch Übungen für die Gegenspieler miteinbezogen werden.

Streng genommen gehört die Ober- und Unterschenkelmuskulatur auch nicht zur Rücken- oder wirbelsäulenstützenden Muskulatur. Da jedoch zahlreiche Muskeln des Oberschenkels vom Becken oder von der Lendenwirbelsäule entspringen, haben sie eine entscheidende Funktion für die Stellung sowohl der Wirbelsäule als auch

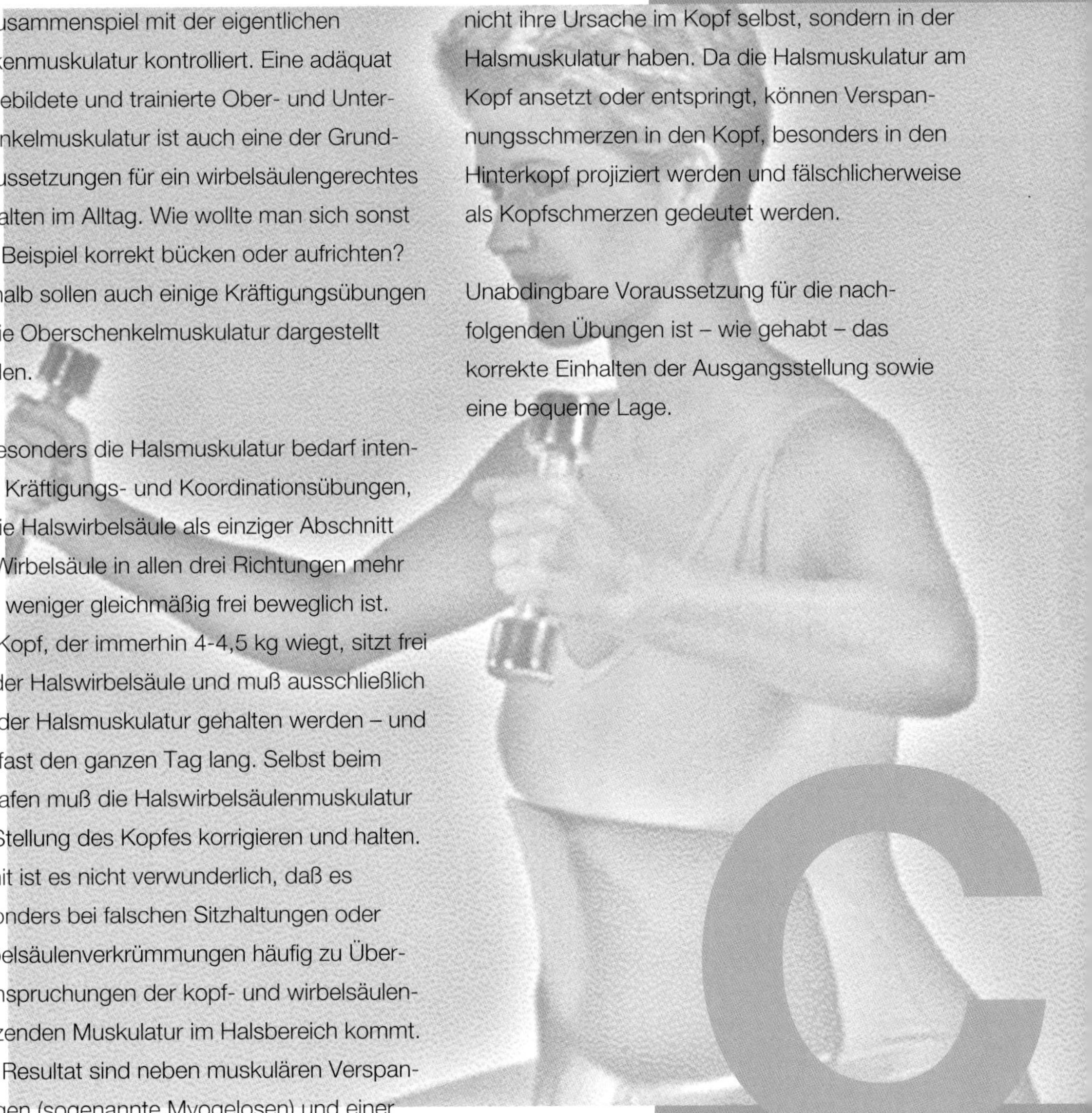

des Beckens. Besonders die Beckenkippung und der Wirbelsäulen-Beckenübergang werden entscheidend von der Oberschenkelmuskulatur im Zusammenspiel mit der eigentlichen Rückenmuskulatur kontrolliert. Eine adäquat ausgebildete und trainierte Ober- und Unterschenkelmuskulatur ist auch eine der Grundvoraussetzungen für ein wirbelsäulengerechtes Verhalten im Alltag. Wie wollte man sich sonst zum Beispiel korrekt bücken oder aufrichten? Deshalb sollen auch einige Kräftigungsübungen für die Oberschenkelmuskulatur dargestellt werden.

Insbesonders die Halsmuskulatur bedarf intensiver Kräftigungs- und Koordinationsübungen, da die Halswirbelsäule als einziger Abschnitt der Wirbelsäule in allen drei Richtungen mehr oder weniger gleichmäßig frei beweglich ist. Der Kopf, der immerhin 4-4,5 kg wiegt, sitzt frei auf der Halswirbelsäule und muß ausschließlich von der Halsmuskulatur gehalten werden – und das fast den ganzen Tag lang. Selbst beim Schlafen muß die Halswirbelsäulenmuskulatur die Stellung des Kopfes korrigieren und halten. Somit ist es nicht verwunderlich, daß es besonders bei falschen Sitzhaltungen oder Wirbelsäulenverkrümmungen häufig zu Überbeanspruchungen der kopf- und wirbelsäulenstützenden Muskulatur im Halsbereich kommt. Das Resultat sind neben muskulären Verspannungen (sogenannte Myogelosen) und einer Zunahme degenerativer Halswirbelsäulenbeschwerden häufig massive Kopfschmerzen. Man rechnet, daß bis zu 65% aller Kopfschmerzen nicht ihre Ursache im Kopf selbst, sondern in der Halsmuskulatur haben. Da die Halsmuskulatur am Kopf ansetzt oder entspringt, können Verspannungsschmerzen in den Kopf, besonders in den Hinterkopf projiziert werden und fälschlicherweise als Kopfschmerzen gedeutet werden.

Unabdingbare Voraussetzung für die nachfolgenden Übungen ist – wie gehabt – das korrekte Einhalten der Ausgangsstellung sowie eine bequeme Lage.

15 Halsmuskulatur: Vorübung

Zum "Begreifen" und Bewußtmachen der Aktivität bzw. Anspannung der Halswirbelsäulenmuskulatur dient folgende Vorübung:

1. Ausgangsstellung aufrechter Stand an der Wand oder im Türrahmen
2. Kreuzbein, Brustwirbelsäule und der Hinterkopf berühren die Wand
3. eine Hand oder die Fingerspitzen beider Hände tasten die Nackenmuskulatur
4. Kopf mit zunehmendem Druck an die Wand drücken: mit zunehmendem Druck wird die Spannung der Nackenmuskulatur stärker

Wiederholung:

5-10 x

Hinweis:

Zur Erzielung einer geraden Ausgangsstellung kann gegebenenfalls zur Unterstützung ein zusammengerolltes Handtuch zwischen Wand und Hinterkopf gelegt werden.

Übungsfehler

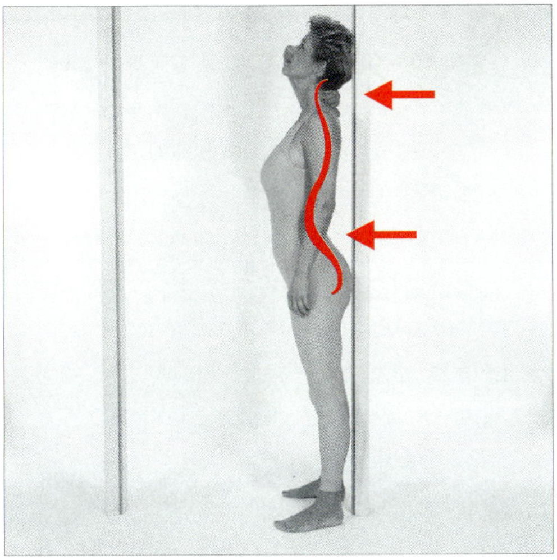

- das Kinn wird beim Druck gegen die Wand angehoben
- die Augen schauen nicht mehr gerade aus, sondern nach oben oder unten
- jeder Kontaktverlust von Kreuzbein oder Brustwirbelsäule
- Hohlkreuzbildung

C

16 Vordere und hintere Halsmuskulatur

1. Ausgangsstellung aufrechtes Sitzen
2. die Fingerspitzen vorne und hinten am Hals anlegen
3. den Oberkörper ohne Veränderung der Wirbelsäulenstellung durch Beugung im Becken (korrekter: durch Beugung in den Hüftgelenken) nach vorne und hinten bewegen
4. beim Vorneigen muß eine Anspannung der Halsmuskulatur hinten spürbar sein, beim Rückwärtsneigen muß die Spannung an der vorderen Halsmuskulatur zu spüren sein
5. Spannung beim Vornüberbeugen und Rückwärtsneigen jeweils ca. 5-7 Sekunden halten

Wiederholung:

5-10 x

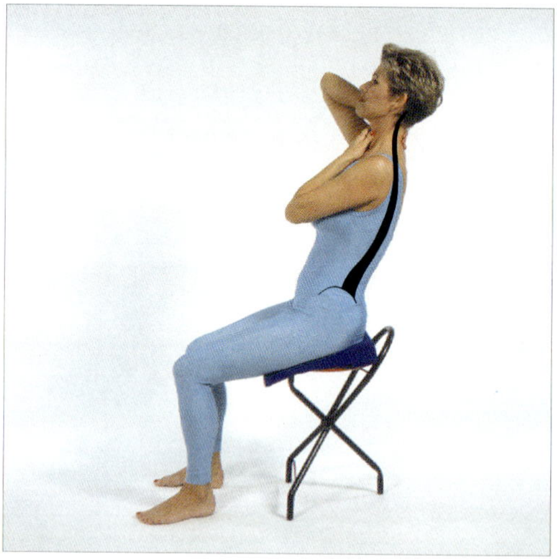

Übungsfehler

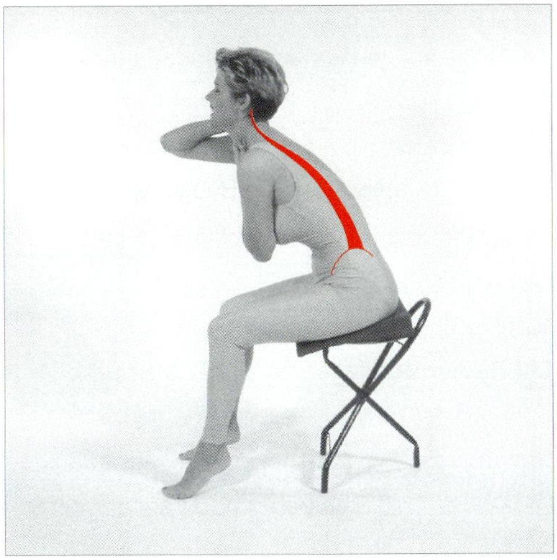

- die Stellung der Wirbelsäule wird verändert
- Beugung und Streckung finden nicht in den Hüftgelenken, sondern in der Wirbelsäule statt
- das Kinn wird beim Vorneigen herausgestreckt
- das Kinn wird bei der Rückneigung eingezogen

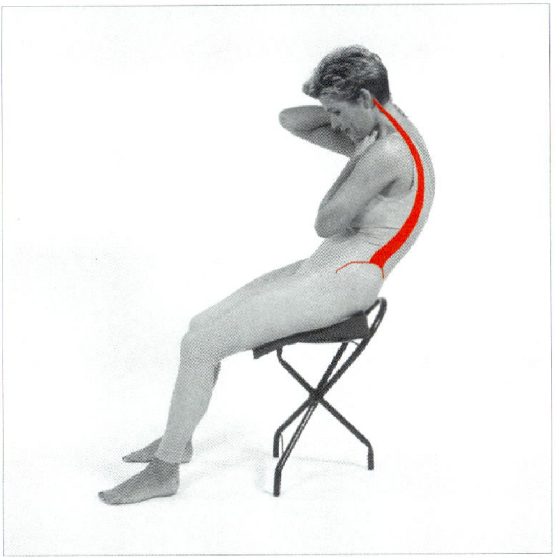

Hinweis:

Die spürbare Spannung beruht darauf, daß z.B. bei der Vornüberneigung ausschließlich die hintere Halsmuskulatur den Kopf in der Stellung hält.

17 Seitliche Halsmuskulatur

1. Ausgangsstellung aufrechtes Sitzen
2. die Fingerspitzen tasten die rechte und linke Halsseite
3. den Oberkörper bei aufrechter, gestreckter Wirbelsäule zur rechten und linken Seite verlagern, wobei sich die rechte und linke Beckenhälfte während der Gewichtsverlagerung vom Stuhl abhebt
4. bei Gewichtsverlagerung zur rechten Seite muß auf der linken Halsseite eine deutliche Spannung spürbar sein, bei Verlagerung auf die linke Seite muß eine deutliche Spannung über der rechten Halsmuskulatur spürbar sein
5. die Spannung beim Seitwärtsneigen jeweils ca. 5-7 Sekunden halten

Wiederholung:

5-10 x

Übungsfehler

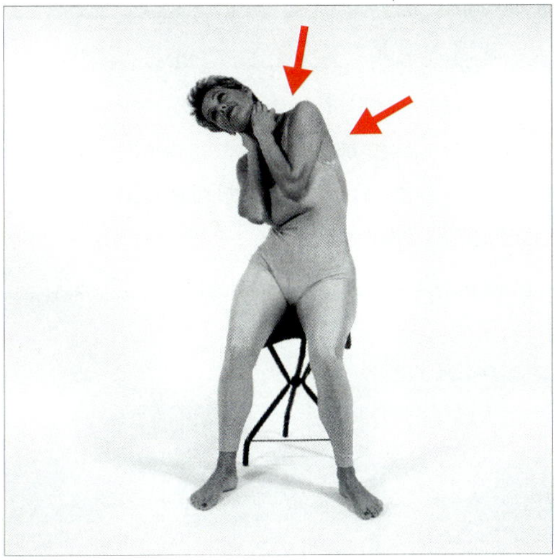

- der Oberkörper wird nach vorne oder hinten geneigt
- die Bewegung findet nicht als Einheit von Oberkörper und Kopf statt
- der Kopf wird nach vorne oder hinten geneigt
- die Augen schauen nicht mehr geradeaus

18 Halsmuskulatur: Kopf- und Halsdreher (isometrisch)

1. Ausgangsstellung aufrechtes Sitzen
2. die Fingerspitzen der rechten Hand werden an die rechte Kinnseite angelegt, die linke Hand an die linke Kopfseite
3. den Kopf ohne Bewegung gegen den Druck der Hände wegdrücken
4. Spannung ca. 7 Sekunden halten

Wiederholung:

5 x pro Seite

Übungsfehler

- der Kopf wird bewegt

Hinweis:

Diese Übung ist besonders für operierte Patienten geeignet, da aufgrund des Gegendrucks der Hand keine Bewegung in der Halswirbelsäule oder den kleinen Wirbelgelenken der Halswirbelsäule stattfindet. Stattdessen wird lediglich die Muskulatur ohne Verkürzung der Muskeln (= isometrisch) trainiert.

C

19 Halsmuskulatur: Kopf- und Halsdreher (dynamisch)

1. Ausgangsstellung: Oberkörper im Knien auf einem Stuhl abgestützt
2. Hände schulterbreit gestreckt aufgestützt
3. Kinn langsam nach links und rechts bewegen: bei Drehung nach rechts wird über der linken Halsseite eine Spannung der Halsmuskulatur deutlich spürbar, bei Drehung nach links über der rechten Seite
4. die Spannung beim Drehen jeweils ca. 5–7 Sekunden halten

Wiederholung:

5-10 x

Übungsfehler

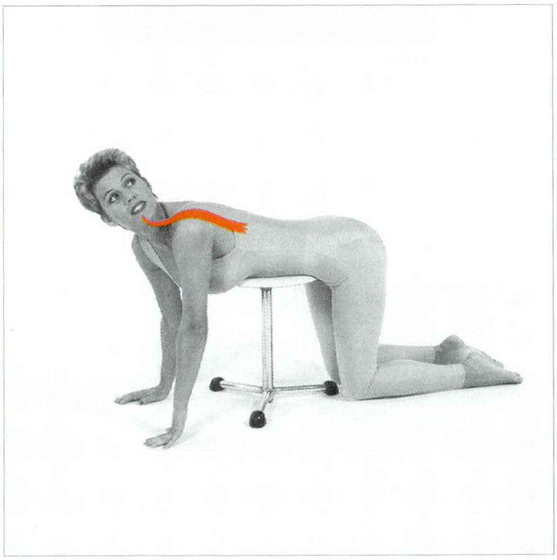

- die Bewegung wird zu schnell durchgeführt
- das Kinn wird nach vorne oder hinten geschoben
- der Oberkörper liegt nicht entspannt auf dem Stuhl, sondern wird überstreckt
- Brust- oder Lendenwirbelsäule werden mitbewegt

Achtung:

Diese Übung ist für frischoperierte Wirbelsäulenpatienten nicht geeignet; sie sollte frühestens ein halbes Jahr nach der Operation nach Absprache mit dem Physiotherapeuten oder Arzt in das Übungsprogramm aufgenommen werden. Bis dahin kann diese Übung jedoch in vereinfachter Form in der Ausgangsstellung Sitzen durchgeführt werden.

20 Rückenmuskulatur: BWS/LWS und Schultergürtel

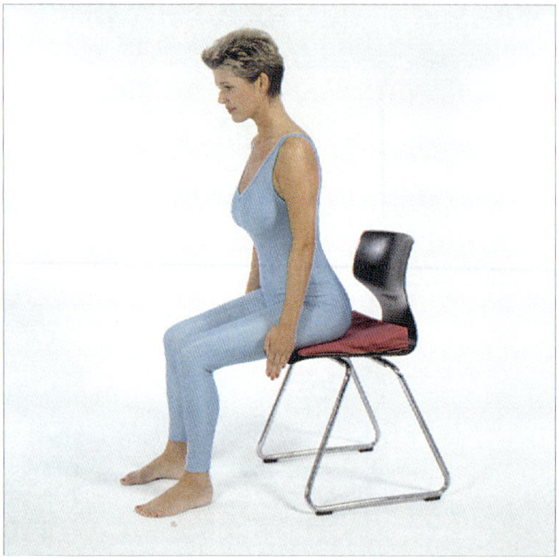

1. Ausgangsstellung aufrechtes Sitzen auf einem Stuhl im freien Raum oder auf einem Stuhl, der an eine Wand gestellt ist
2. die Arme hängen frei neben dem Körper, die Handrücken liegen am Stuhlsitz oder der Wand
3. mit beiden Handrücken gegen den Stuhlsitz oder die Wand drücken und diesen Druck ca. 7 Sekunden halten

Wiederholung:

5-10 x

Variation:

In der gleichen Ausgangsstellung drücken die Arme bzw. Handrücken im Wechsel nach hinten.

Hinweis:

Durch die Anspannung der Arm- und Schultermuskulatur werden besonders die Rückenmuskeln, die mit dem Schultergürtel in Verbindung stehen bzw. dort entspringen, gekräftigt. Somit wird bei dieser Übung gleichzeitig auch ein Teil der Schultergürtel- und Armmuskulatur isometrisch, d.h. ohne Verkürzung der Muskeln, trainiert.

Übungsfehler

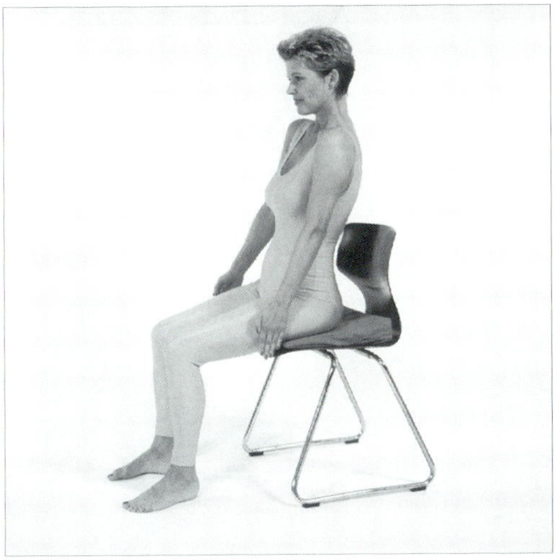

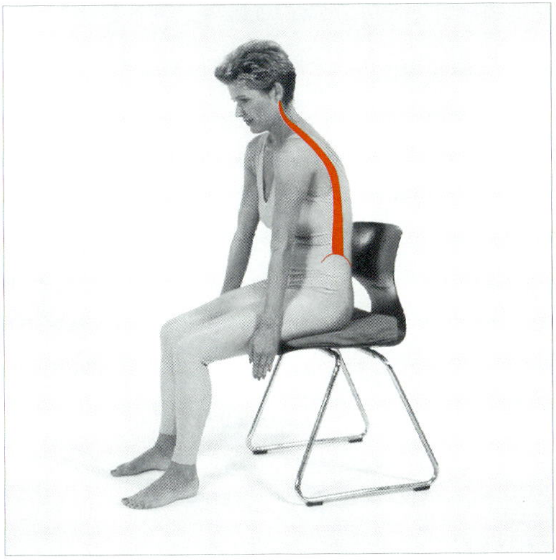

- der Oberkörper wird zur Seite bewegt oder nach hinten verlagert, während der Druck gehalten wird
- die Arme werden gebeugt
- die Schultern weichen nach vorne aus

21 Rückenmuskulatur: BWS/LWS und Brustmuskulatur

1. Ausgangsstellung Sitzen auf einem Stuhl, wobei das Brustbein an der Stuhllehne angelehnt ist
2. mit gebeugten Armen ggf. Gewichte halten (leichte Kurzhanteln oder Mineralwasserflaschen)
3. die gebeugten Arme 15-20 x nach vorne und hinten bewegen

Wiederholung:

2-3 Serien

Übungsfehler

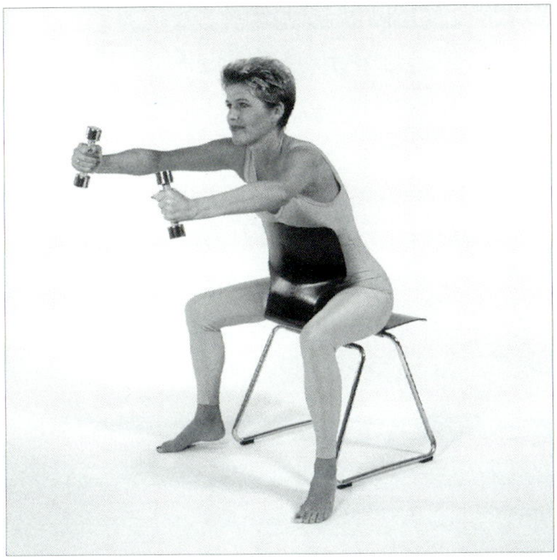

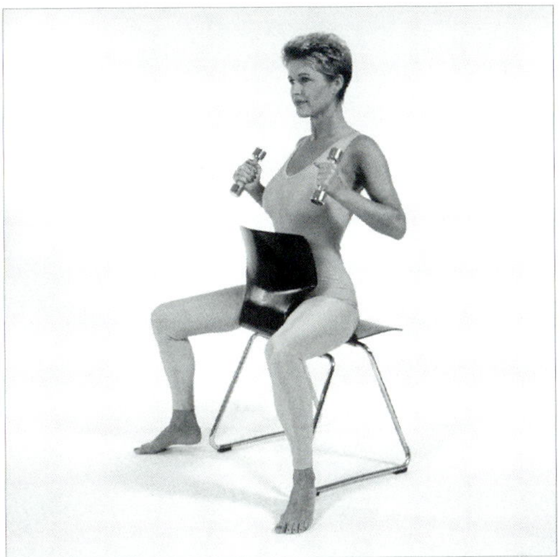

- beim Rückbewegen der Arme wird der Oberkörper angehoben und der Kontakt des Brustbeins von der Stuhllehne gelöst
- die Arme werden nicht weit genug zurückgeführt
- der Rücken wird beim Vornüberbeugen über die Stuhllehne gekrümmt

Hinweis:

Bei dieser Kräftigungsübung werden neben der langen Rückenmuskulatur auch die Brustmuskeln und der Schultergürtel trainiert. Auch hier findet somit eine Kräftigung der wirbelsäulenstützenden Muskulatur statt.

C

22 Rückenmuskulatur: BWS/LWS/Schulter- und Armmuskulatur

1. Ausgangsstellung aufrechter Sitz
2. beide Hände halten ein Gewicht (leichte Kurzhantel oder volle Mineralwasserflasche)
3. die Arme werden über den Kopf gestreckt
4. mit aufrechter Wirbelsäule 15-20 x die Arme im Ellbogen beugen und strecken

Wiederholungen:

2-3 Serien

Übungsfehler

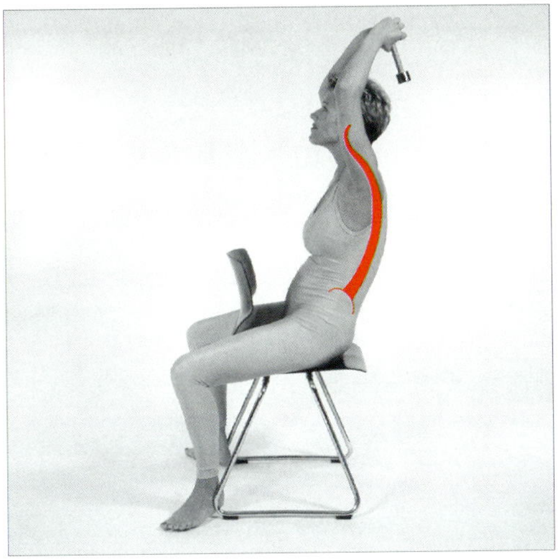

- Kopf und Hals werden nicht stabil gehalten
- das Kinn wird bei der Beugung heraus-gestreckt
- die Schultern werden hochgezogen
- die Ellbogen weichen nach hinten oder vorne aus

C

23 Rückenmuskulatur: kurze Rückenmuskeln

1. Ausgangsstellung Stand im Türrahmen mit leicht gebeugten und etwas mehr als hüftbreit gespreizten Beinen
2. die gestreckten Arme mit gefalteten Händen an die Türzarge anlegen
3. Arme kräftig an die Zarge drücken, ohne mit dem Oberkörper seitlich auszuweichen oder das Gewicht auf eine Seite zu verlagern
4. die besonders an der Lendenwirbelsäule spürbare Spannung ca. 7-10 Sekunden halten

Wiederholung:

4-5 x je Seite

Übungsfehler

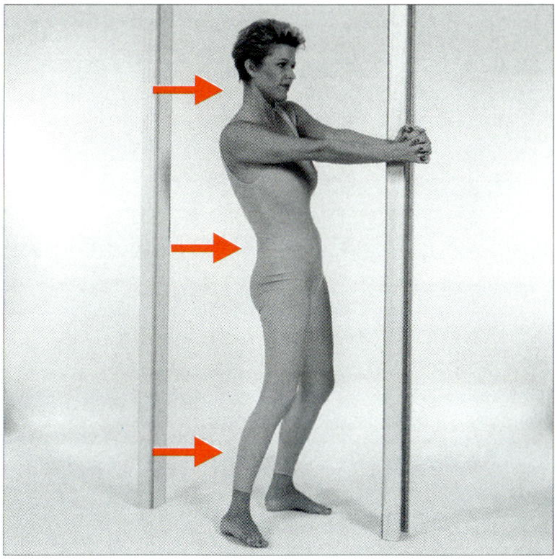

- die Wirbelsäule wird mitbewegt
- Schultern werden hochgezogen
- das Gewicht wird einseitig verlagert

24 Bauchmuskulatur: Erste Kräftigungsübung

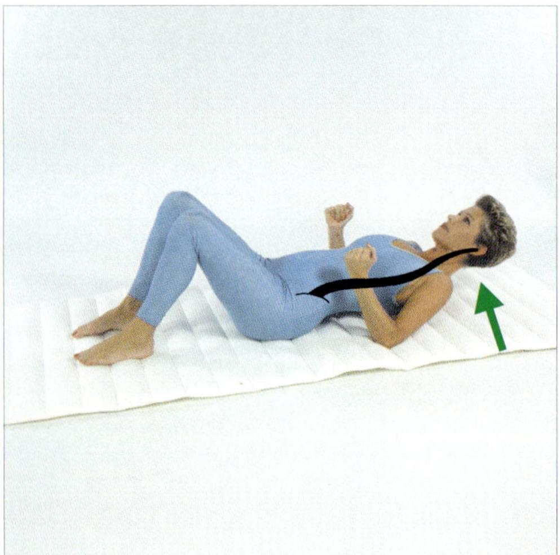

1. Ausgangsstellung Rückenlage, die Beine sind nahezu rechtwinklig gebeugt
2. die Oberarme neben dem Körper leicht abspreizen, die Unterarme rechtwinklig anbeugen
3. den Bauch anspannen und Kopf und Schultern gerade eben von der Unterlage abheben
4. die Fersen werden leicht weggestemmt, so daß der Körper sich gegenüber der ursprünglichen Position nicht verschiebt
5. Spannung 5-10 x jeweils 7-10 Sekunden halten

Wiederholung:

2-3 Serien

Übungsfehler

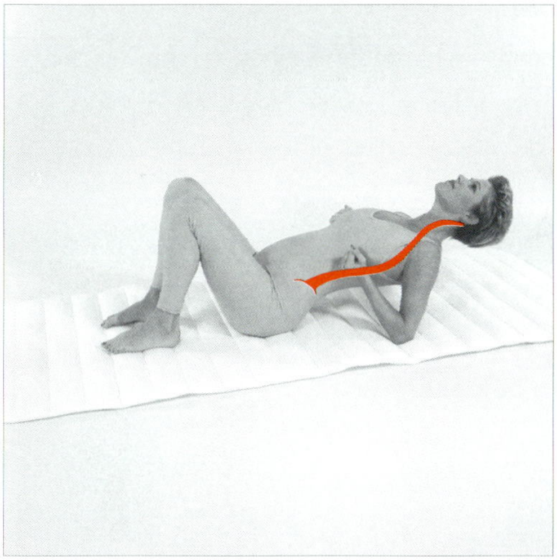

- die Stellung der Wirbelsäule wird verändert
- der Kopf wird nicht in Verlängerung der Wirbelsäule gehalten und mitgebeugt oder hängengelassen
- der Oberkörper wird zu weit abgehoben
- Hohlkreuzbildung mit Druckzunahme im Lendenwirbelsäulenbereich

25 Bauchmuskulatur: Zweite Kräftigungsübung

1. Ausgangsstellung Rückenlage, die Beine sind nahezu rechtwinklig gebeugt
2. die Oberarme werden vom Körper abgespreizt, die Fingerspitzen stützen den Kopf seitlich ab
3. die Bauchmuskulatur anspannen, den Oberkörper und die Schultern leicht anheben (ca. 1-2 cm)
4. die Spannung 5-10 x jeweils 5-7 Sekunden halten

Wiederholung:

2-3 Serien

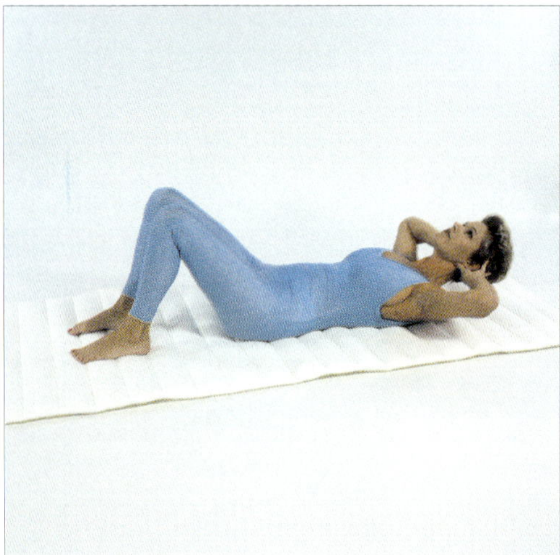

Variation:

Schultern gleichzeitig anheben und wechselweise linke und rechte Schulter in Richtung auf das gegenüberliegende Knie drehen.

Übungsfehler

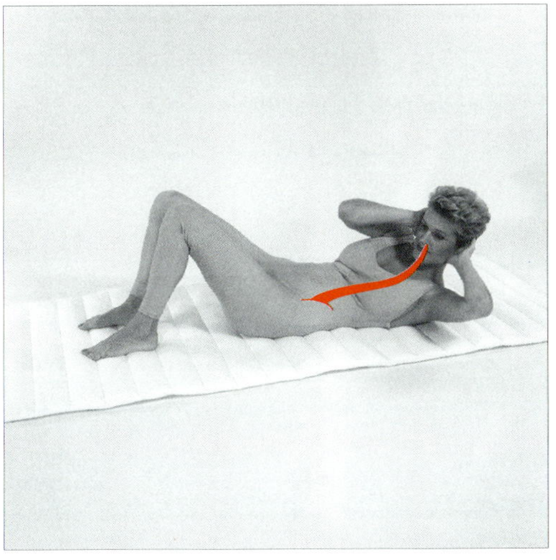

- der Kopf wird nicht in Verlängerung der Wirbelsäule gehalten oder gar verdreht
- zu schnelle, kraftvolle Bewegung
- die Wirbelsäule wird zu stark gerundet
- zu kurze Pausen zwischen den Wiederholungen

C

26 Bauchmuskulatur: Dritte Kräftigungsübung

1. Ausgangsstellung Rückenlage, Beine nahezu rechtwinklig gebeugt; Füße, Kreuzbein, Brustwirbelsäule und Hinterkopf liegen auf
2. Arme in U-Haltung hinter den Kopf legen (Oberarme vom Körper abspreizen, Unterarme nach oben legen)
3. die Bauchmuskulatur anspannen, langsam und gleichmäßig den Oberkörper, die Schultern und Arme von der Unterlage abheben
4. die Spannung 5-10 x jeweils 5-7 Sekunden halten

Wiederholungen:

2-3 Serien

Variation:

Aus der gleichen Ausgangsstellung wechselseitig linke und rechte Schulter nach rechts und links bewegen.

Spannung 5-10 x für jeweils 5-7 Sekunden halten

Übungsfehler

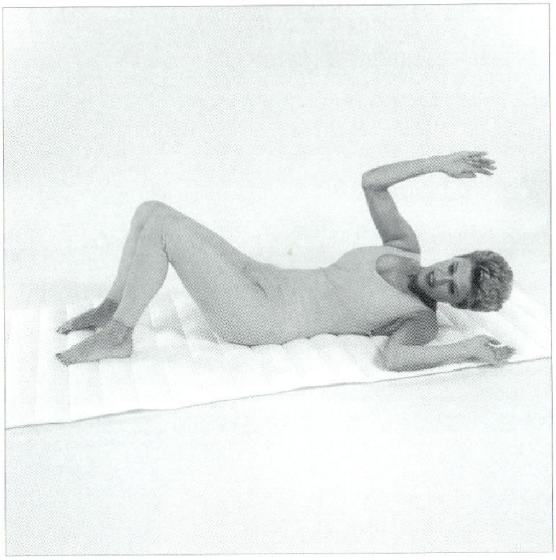

- der Kopf wird nach vorne gebeugt und steht nicht mehr in Verlängerung der Wirbelsäule
- die Unterarme bleiben nicht parallel zum Kopf oder werden vorgenommen
- Rundung der Wirbelsäule durch zu starkes Abheben des Oberkörpers

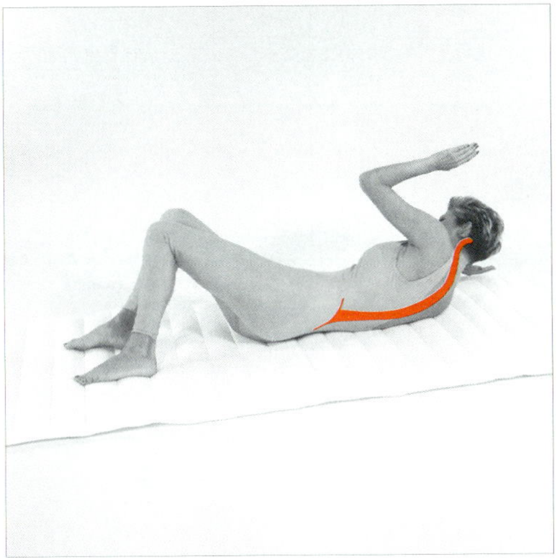

Variation:

- der Oberkörper wird zu einer Seite geneigt oder zu stark verdreht
- Hohlkreuzbildung in der Lendenwirbelsäule
- die entgegengesetzte Gesäßhälfte wird abgehoben

27 Bauchmuskulatur: Vierte Kräftigungsübung

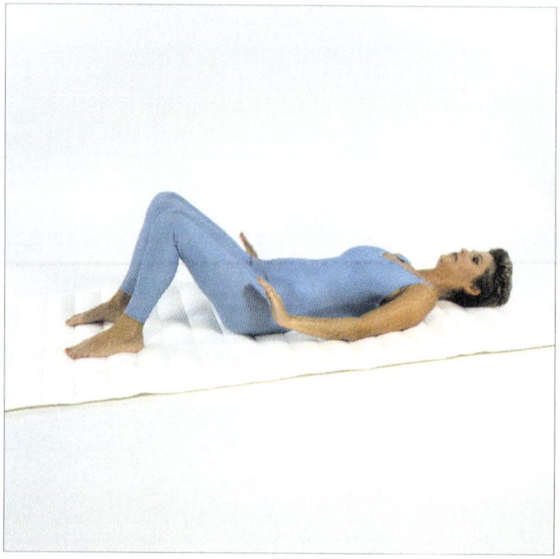

1. Ausgangsstellung Rückenlage, die Beine sind nahezu rechtwinklig gebeugt
2. die Arme liegen neben dem Körper
3. Bauchmuskulatur anspannen
4. Kopf, Schultern und Arme langsam abheben und zur rechten und linken Seite neigen
5. Spannung 5-10 x für jeweils 5-7 Sekunden halten

Wiederholungen:

2-3 Serien

Übungsfehler

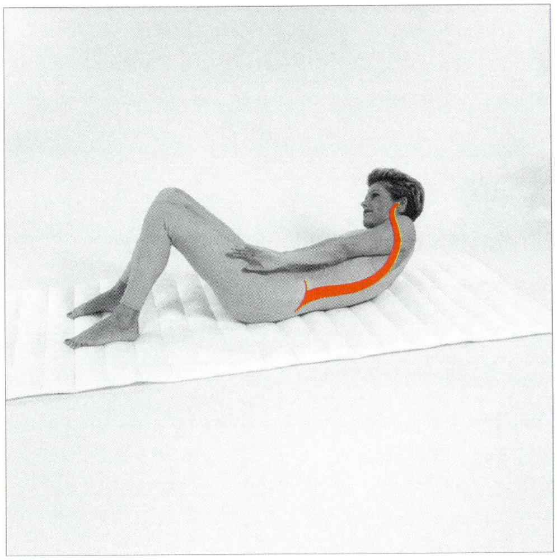

- der Kopf wird verdreht, die Augen schauen nicht mehr an die Decke
- das Becken wird mitbewegt

28 Bauch- und Rückenmuskulatur: kombinierte Übung im Sitzen

1. Ausgangsstellung Sitzen
2. eine Hand auf den Bauch legen, die andere Hand in das Kreuz (Lendenwirbelsäule)
3. den gesamten Oberkörper mit dem Becken durch Beugung in den Hüftgelenken langsam nach vorne neigen, ohne die Stellung der Wirbelsäule zu verändern
4. Oberkörper zusammen mit dem Becken durch Streckung in den Hüftgelenken nach hinten neigen, ohne die Stellung der Wirbelsäule zu verändern
5. Spannung bei Vor- und Rückneigung jeweils 5-7 Sekunden halten

Wiederholung:

5-10 x

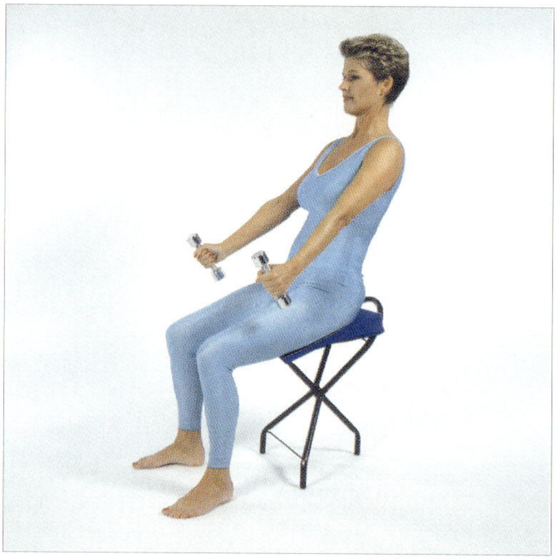

Übungsfehler

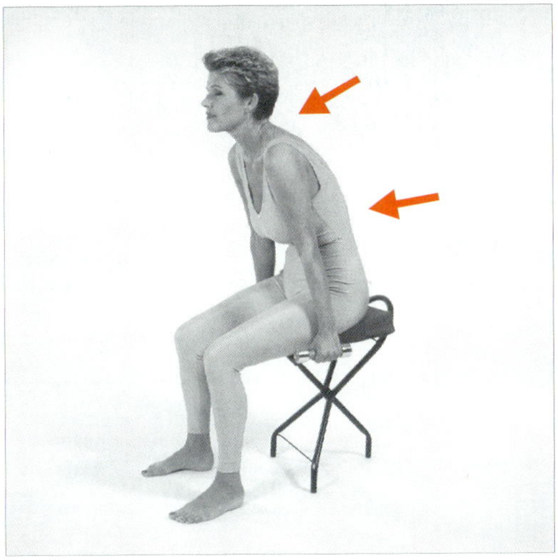

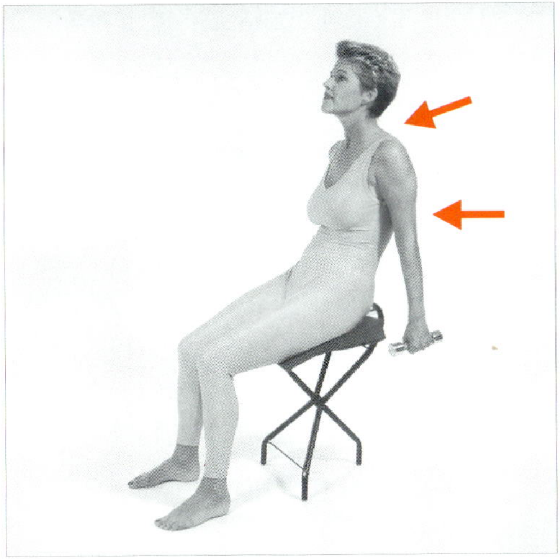

- die Bewegung findet nicht in den Hüftgelenken statt
- die Aufrechthaltung der Wirbelsäule wird bei der Übung aufgegeben
- beim Vor-und Rückneigen wird die Wirbelsäule abgerundet

Hinweis:

Die Stellung der Wirbelsäule wird während der gesamten Übung nicht verändert. Beugung und Streckung finden ausschließlich in den Hüftgelenken statt. Bei der Vorneigung ist die Muskelanspannung im Kreuzbereich größer, bei der Rückneigung am Bauch.

Steigerung:

In der gleichen Stellung werden die Arme bei der Rückneigung vor dem Körper gestreckt, bei der Vorneigung hinter dem Körper gestreckt. Nach einiger Übungszeit läßt sich der Effekt dieser Übung noch steigern, indem die Übung mit Gewichten in beiden Händen durchgeführt wird.

29 Bauch-, Rücken- und wirbelsäulenstützende Muskulatur: kombinierte Übung

1. Ausgangsstellung Vierfüßlerstand: die Hände stehen vor den Schultern, die Knie sind rechtwinklig gebeugt, die Fußspitzen stehen auf dem Boden auf
2. der Kopf steht gerade in Verlängerung der Wirbelsäule, die Augen schauen nach unten
3. ohne die Stellung der Wirbelsäule zu verändern die Knie etwa 1 cm vom Boden abheben
4. die Spannung 3-5 mal 7 Sekunden halten

Wiederholungen:

2-3 Serien

Erleichterung:

Als Entlastung für die Handgelenke kann diese Übung auch mit aufliegenden Unterarmen durchgeführt werden.

Übungsfehler

- die Knie werden zu weit abgehoben
- die Wirbelsäule wird abgerundet oder hochgedrückt
- der Kopf steht nicht in Verlängerung der Wirbelsäule oder das Kinn wird herausgestreckt

30 Wirbelsäulenstützende Muskulatur: kombinierte Übung aus der Seitenlage

1. Ausgangsstellung rechte oder linke Seitenlage
2. den obenliegenden Fuß unter einen Schrank oder das Bett stellen, das untenliegende Bein beugen, die untenliegende Hand kann den Kopf abstützen
3. mit dem eingekeilten Fuß gegen den Schrank drücken und den Oberkörper leicht abheben
4. die Spannung 3-5 x jeweils ca. 7 Sekunden halten

Wiederholungen:

2-3 Serien

Hinweis:

Bitte achten Sie darauf, daß Sie diese Übungen aus der Seitenlage nicht immer nur auf der rechten oder linken Seite durchführen, sondern beide Seiten gleichhäufig bzw. gleichmäßig üben.

Übungsfehler

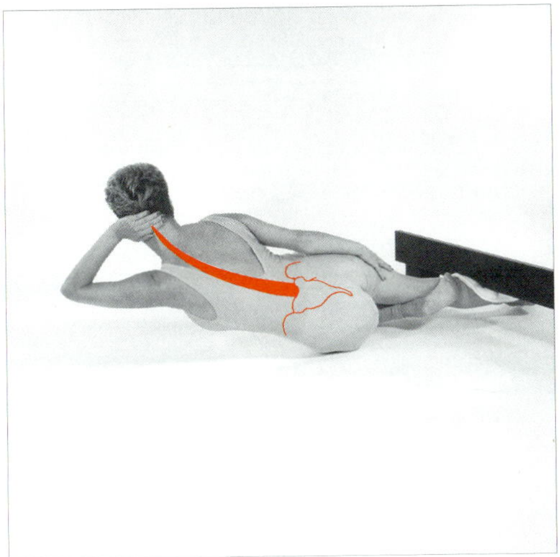

- die Wirbelsäule wird nicht gerade gehalten, sondern nach oben verdreht
- der Kopf wird zur obenliegenden Seite gedreht oder nach unten geneigt
- der Druck des Fußes gegen den Schrank läßt nach

C

31 Wirbelsäulenstützende Muskulatur: zweite kombinierte Übung aus der Seitenlage

1. Ausgangsstellung seitlicher Unterarmstütz
2. der obenliegende Arm wird in der Taille abgestützt, beide Beine liegen übereinander
3. das Gesäß anspannen und vom Boden abheben, zusätzlich das obenliegende Bein gestreckt ca. 20 cm abheben
4. Spannung ca. 7 Sekunden halten

Wiederholungen:

4 Wiederholungen auf jeder Seite

Übungsfehler

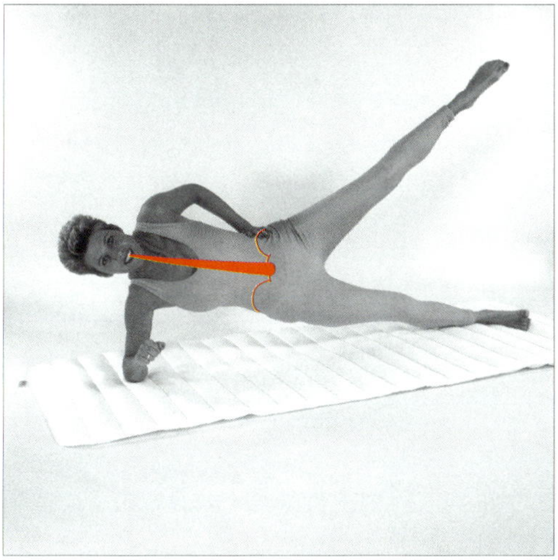

- Bein und Becken werden zu weit abgehoben
- die untenliegende Seite hängt durch
- der Kopf steht nicht in Verlängerung der Wirbelsäule

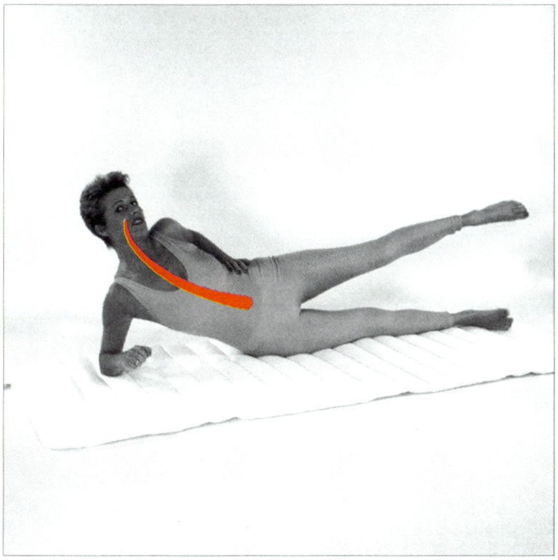

32 Rücken-, Gesäß- und wirbelsäulenstützende Muskulatur: Erste kombinierte Übung aus der Bauchlage

1. Ausgangsstellung Bauchlage auf angenehmer Unterlage
2. die Unterarme werden gebeugt aufgestützt, die Beine sind gestreckt und werden leicht abgespreizt, die Fußspitzen stehen auf
3. das Gesäß anspannen und wechselseitig ein Bein gestreckt abheben
4. 4-6 x wechselseitig ein Bein gestreckt abheben
5. Spannung jeweils ca. 5 Sekunden halten

Wiederholungen:

3-5 Serien

Übungsfehler

- die Wirbelsäule hängt durch
- das Becken hängt durch, wird extrem abgehoben oder zur Standbeinseite gedreht
- das Kinn wird herausgestreckt
- das Bein wird mehr als 5 cm abgehoben
- die Wirbelsäule wird spürbar mitbewegt

C

33 Rücken-, Gesäß- und wirbelsäulenstützende Muskulatur: Zweite kombinierte Übung aus der Bauchlage

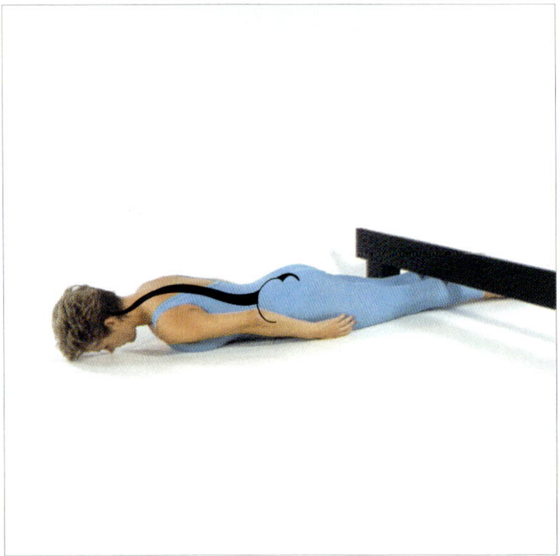

1. Ausgangsstellung entspanntes Liegen auf dem Boden in Bauchlage
2. die Füße liegen unter einem Schrank oder Bett, die Arme liegen locker neben dem Körper, die Handinnenflächen liegen am Oberschenkel
3. das Gesäß anspannen ohne die Lendenwirbelsäule abzurunden und die Füße gegen den Schrank drücken, ohne sie abzuheben
4. aus dieser Spannung den Oberkörper und die gestreckten Arme wenige Zentimeter abheben und die Spannung jeweils 3-5 x 7 Sekunden halten

Wiederholung:

2-3 Serien

Übungsfehler

- die Anspannung im Gesäß wird aufgegeben
- die Wirbelsäule wird entrundet
- der Oberkörper wird zu weit abgehoben
- der Druck der Füße gegen den Schrank oder das Bett läßt nach
- der Kopf wird nach hinten genommen oder das Kinn herausgeschoben

C

34 Rücken-, Gesäß- und wirbelsäulenstützende Muskulatur: Dritte kombinierte Übung aus der Bauchlage

1. Ausgangsstellung entspanntes Liegen auf dem Bauch, die Arme werden jedoch hinter den Rücken genommen und die linke Hand umfaßt das Handgelenk der rechten Hand, die Ellbogen sind gebeugt
2. das Gesäß anspannen und mit den Füßen gegen den Schrank bzw. das Bettgestell drücken
3. aus der Anspannung den Oberkörper 2-3 cm abheben
4. den Kopf gerade halten und die Schultern gleichzeitig nach unten ziehen
5. die Ellbogen leicht beugen und wieder strecken, die Spannung jeweils 3-5 x für 5-7 Sekunden halten

Wiederholungen:

2-3 Serien

Übungsfehler

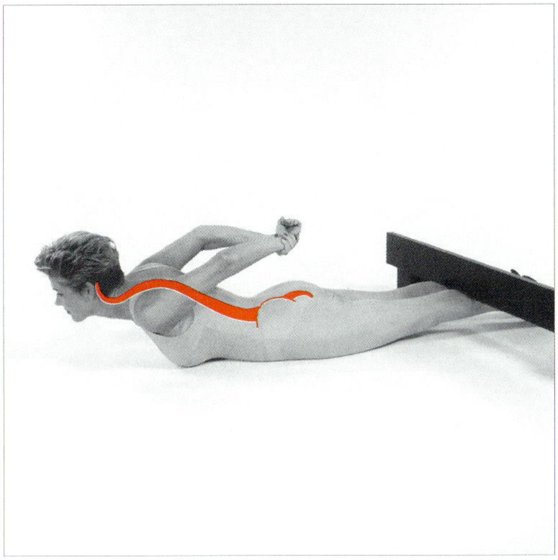

- die Schultern werden hochgezogen
- Hohlkreuzbildung
- der Oberkörper wird zu weit abgehoben
- der Druck der Füße gegen den Schrank läßt nach
- die Spannung zwischen den Schulterblättern läßt bei der Beugung und Streckbewegung der Ellbogen nach

C

35 Rücken-, Gesäß- und wirbelsäulenstützende Muskulatur: Vierte kombinierte Übung aus der Bauchlage

1. Ausgangsstellung entspanntes Liegen in Bauchlage
2. die Fingerspitzen rechts und links an den Kopf legen, die Ellbogen liegen auf dem Boden auf
3. das Gesäß anspannen, die Füße gegen den Schrank drücken
4. den Oberkörper aus dieser Spannung heraus ca. 2-3 cm abheben
5. die Ellbogen langsam zur Decke und zum Boden bewegen, die Spannung jeweils 3-5 x für 5-7 Sekunden halten

Wiederholungen:

2-3 Serien

Übungsfehler

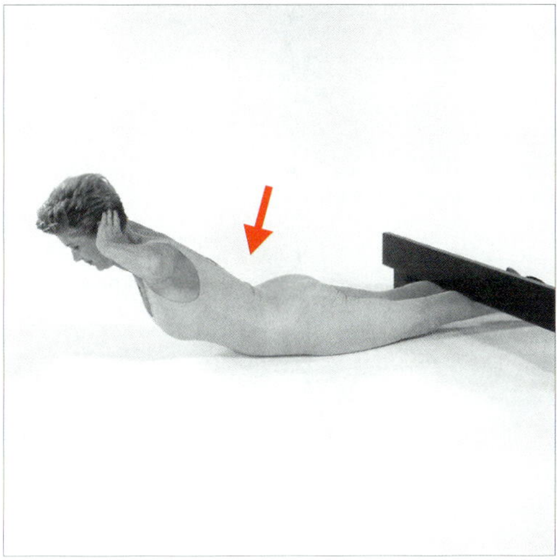

- die Wirbelsäule wird gerundet
- die Schultern werden hochgezogen
- der Oberkörper wird zu weit abgehoben
- das Kinn wird vorgestreckt oder zur Seite gedreht
- der Druck der Füße gegen den Schrank läßt nach

36 Rücken-, Gesäß- und wirbelsäulenstützende Muskulatur: Fünfte kombinierte Übung aus der Bauchlage

1. Ausgangsstellung entspanntes Liegen in Bauchlage
2. die Arme liegen in U-Stellung neben dem Kopf
3. das Gesäß anspannen und die Füße gegen den Schrank drücken
4. Oberkörper ca. 2 bis 3 cm abheben
5. die Arme im Wechsel 5-7 x ausstrecken und wieder beugen

Wiederholungen:

2-3 x

Übungsfehler

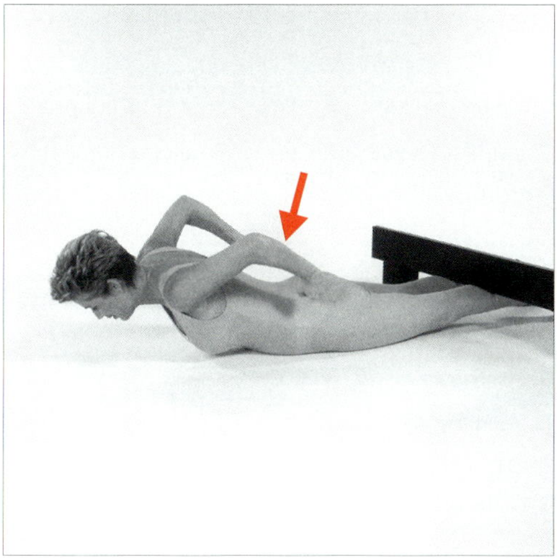

- die Schultern werden hochgezogen oder nach hinten geführt
- das Kinn wird vorgestreckt
- die Wirbelsäule wird zur Seite verkrümmt
- der Druck der Füße gegen den Schrank läßt nach

C

37 Oberschenkelmuskulatur: Erste Kräftigungsübung

1. Ausgangsstellung aufrechter Stand mit hüftbreit abgespreizten Beinen
2. langsam in den Knien beugen und strecken, ohne die Stellung der Wirbelsäule zu ändern

Wiederholungen:

10-15 x

Erleichterung:

Diese Übung kann auch an der Wand oder am Türrahmen angelehnt ausgeführt werden.

Übungsfehler

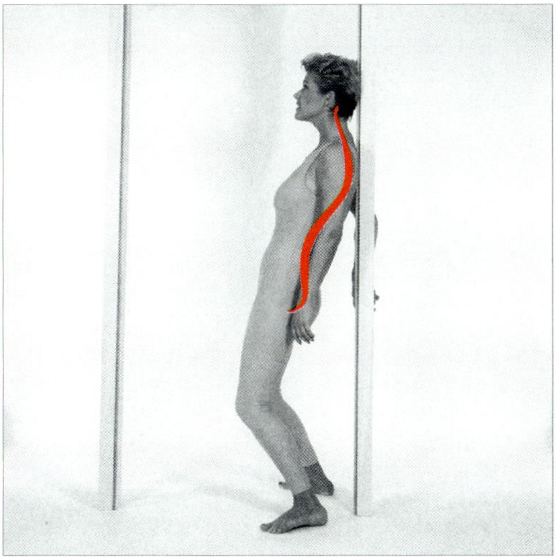

- Kopf oder Wirbelsäule werden verdreht
- der Oberkörper steht nicht gerade
- die Knie werden zu weit gebeugt
- Rundrücken- oder Hohlkreuzbildung

38 Oberschenkelmuskulatur: Zweite Kräftigungsübung

1. Ausgangsstellung Schrittstellung
2. Blickrichtung nach vorne
3. in den Knien langsam beugen und strecken, ohne die Stellung der Wirbelsäule zu ändern

Wiederholungen:

jedes Bein 2 Serien à 10-15 x

Übungsfehler

- ungleichmäßige Belastung des vor- und rückgestellten Beines
- Verdrehung der Wirbelsäule zur Seite oder nach vorne
- der Kopf wird verdreht
- die Knie werden zu weit gebeugt

39 Oberschenkelmuskulatur: Dritte Kräftigungsübung

1. Ausgangsstellung leicht gebeugter Stand
2. wechselseitig ein Bein belasten und im Kniegelenk beugen
3. anschließend strecken, dabei den Oberkörper gerade lassen

Wiederholungen:

jedes Bein 2 Serien à 10-15 x

Übungsfehler

- ungleichmäßige Belastung des vor- und rückgestellten Beines
- Verdrehung der Wirbelsäule zur Seite oder nach vorne
- der Kopf wird verdreht
- die Knie werden zu weit gebeugt

III Dehnübungen für die Rückenmuskulatur und die obere und untere Extremität

Sinn und Zweck der folgenden Dehnübungen ist, Verkürzungen einzelner Muskeln vorzubeugen bzw. bereits eingetretene Verkürzungen zu beheben. Jede längerdauernde Abweichung von der normalen Haltung verursacht eine Verkürzung der betroffenen Muskulatur. Hängen zum Beispiel die Schultern ständig nach vorne, verkürzen sich die beiden Brustmuskeln. Dadurch wird ein korrektes Aufrichten der Wirbelsäule, besonders der Brustwirbelsäule, fast unmöglich. Ebenso führen Schon- oder Zwangshaltungen bei Schmerzen zu Verkürzungen der Muskulatur.

Damit ein ausgewogenes Kräftegleichgewicht zwischen gegenspielenden Muskeln (Agonisten und Antagonisten) gewährleistet bleibt, müssen verkürzte Muskeln durch entsprechende Dehnübungen behandelt werden.

Häufig sind verkürzte Muskeln, z.B. der große Hüftbeuger, Ursache für starke Schmerzen, die fälschlicherweise als Nerveneinklemmungsschmerzen mißdeutet werden, zumal sie ebenfalls in die Peripherie, z.B. ins Bein, ausstrahlen können.

Jede Auslenkung der Wirbelsäule zur Seite (Skoliose) geht mit einer Verkürzung der Rückenmuskulatur auf der einen Seite und einer Verlängerung auf der anderen Seite einher. Um hier wieder ein Gleichgewicht zu schaffen, müssen Kräftigungsübungen in Kombination mit Dehnübungen durchgeführt werden. Ein ausgewogenes Verhältnis zwischen Muskeldehnung und -kräftigung ist auch deshalb sinnvoll, da verkürzte Muskeln niemals die volle Kraft entfalten können.

Die Muskulatur des Schultergürtels mit den Armen und des Beckengürtels mit den Beinen steht in direkter Verbindung mit der Wirbelsäule und beeinflußt somit direkt und indirekt deren Stellung. Dehnungsübungen der Rücken- und Bauchmuskulatur alleine haben deshalb nur begrenzten Wert. Sinnvoller ist deshalb, auch Dehnübungen für die obere und untere Extremität, besonders für die Gesäß- und Oberschenkelmuskulatur, in Ihr individuelles Übungsprogramm mit einzubeziehen.

Dehnübungen werden am besten im Anschluß an Mobilisations- und Kräftigungsübungen durchgeführt, weil die Muskulatur danach optimal nachgeben kann. Beobachten Sie Sportler vor dem Training, werden Sie feststellen, daß diese ebenfalls erst nach dem Aufwärmen Dehnungs- oder Stretchingübungen durchführen.

Daneben sollten folgende Grundregeln immer beachtet werden:

- wählen Sie eine stabile, sichere Ausgangsstellung
- immer vollständige Kontrolle während der Dehnübung behalten
- niemals "kalte" Muskelgruppen dehnen
- beim Dehnen darf niemals Schmerz auftreten, sondern nur ein gut tolerierbarer Dehnzug
- Dehndauer jeweils mindestens 15 Sekunden bis maximal 1 Minute
- jeden Muskel bzw. Muskelgruppe 3-4 x dehnen; bei verkürzten Muskeln entsprechend öfters
- beim Dehnen nicht federn
- besonders bei verkürzter Muskulatur ist es absolut notwendig, regelmäßig zu dehnen!

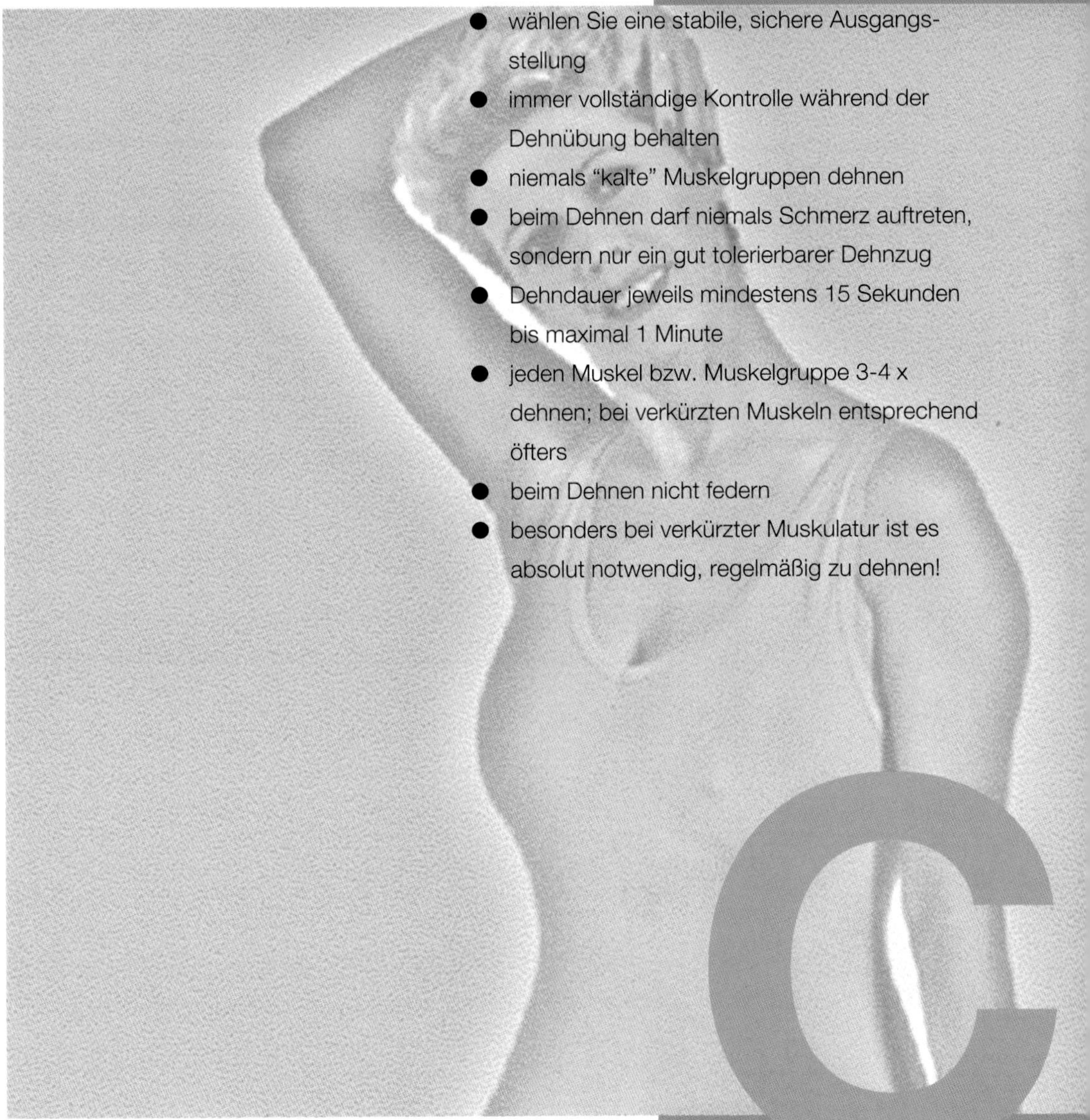

40 Hals: Dehnung der vorderen und seitlichen Hals- und Schultermuskulatur im Sitzen

1. Ausgangsstellung aufrechtes Sitzen auf einem Stuhl oder Hocker
2. Kinn nach links drehen, die rechte Hand greift über das linke Ohr und neigt den Kopf nach rechts, um den Kopf in dieser Stellung zu halten
3. die linke Hand hält sich am Stuhlbein unter der linken Hüfte fest
4. die linke Hand versucht, ohne Bewegung das Stuhlbein hochzuziehen, entspannen und Dehnung ca. 15 Sekunden halten
5. weiteres Dehnen der Muskulatur, indem das Stuhlbein weiter unten angefaßt wird

Wiederholung:

jede Seite 3-4 x

Hinweis:

Bei dieser Übung werden besonders die vorderen und seitlichen Halsmuskeln sowie der Kapuzenmuskel gedehnt, die häufig bei Personen mit sitzender Tätigkeit (Schreibtisch, am Lenkrad oder am Computer) extrem verspannt oder verkürzt sein können. Diese sogenannten Verspannungen sind nichts anderes als das Resultat einer Daueranspannung (Dauerkontraktion) der betroffenen Muskulatur, die in der Regel auf eine falsche Sitzhöhe, falsche Neigung der Sitzfläche (fehlender Sitzkeil!) sowie schlechter Schulterstellung beruht.

Übungsfehler

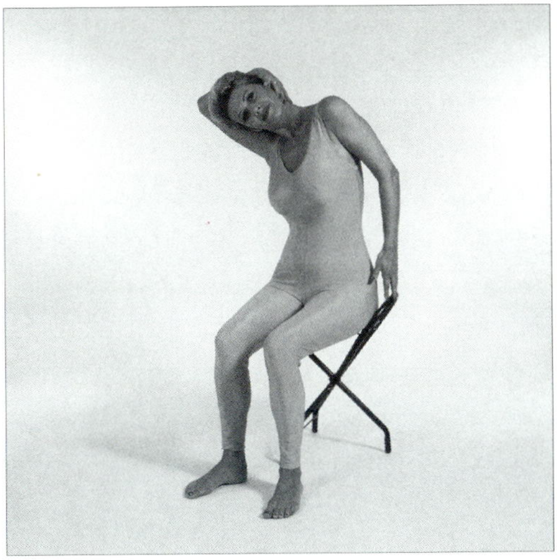

- die Stellung des Kopfes wird verändert
- die Schultern stehen nicht mehr horizontal in einer Ebene
- es findet eine Ausgleichsbewegung zur Seite statt

C

41

Hals: Dehnung der seitlichen Halsmuskulatur und des Schulterblatthebers im Sitzen

1. Ausgangsstellung Sitzen auf einem Hocker oder Stuhl; Kopf und Hals stehen gerade
2. bei Dehnung des linken Schulterblatthebers mit der rechten Hand über das linke Ohr greifen
3. den Kopf leicht nach links und vorne neigen
4. die linke Hand hält sich am Stuhlbein fest und zieht das Stuhlbein ohne Bewegung hoch, kurz entspannen und dehnen
5. Dehnungsdauer ca. 15 Sekunden
6. weiteres Dehnen der Muskulatur, indem das Stuhlbein weiter unten angefaßt wird

Wiederholung:

jede Seite 4-8 x

Hinweis:

Im Gegensatz zur vorherigen Übung wird der Kopf zur Gegenseite geneigt. Auch hier wird ein Teil der seitlichen Halsmuskulatur sowie die Gegenseite der vorderen Halsmuskulatur gedehnt.

Diese Dehnübung ist ebenso wie die vorherige besonders für Personen mit sitzenden Tätigkeiten und Verspannungen im Nacken geeignet.

Übungsfehler

- die Stellung des Kopfes wird verändert
- die Schultern stehen nicht mehr horizontal in einer Ebene
- es findet eine Ausgleichsbewegung zur Seite statt

C

42 Rückenmuskulatur: Dehnung im Sitzen

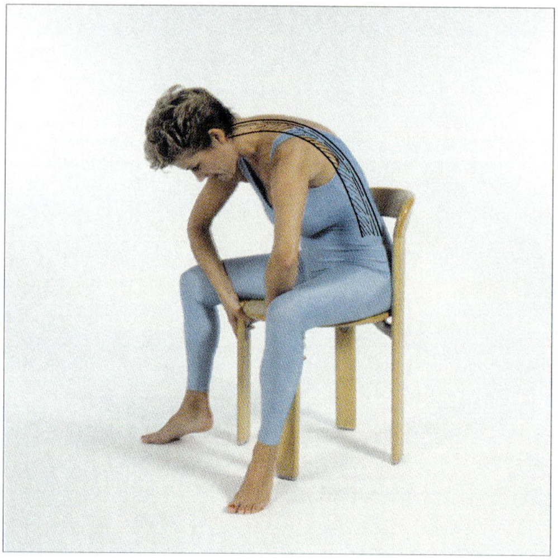

1. Ausgangsstellung Sitzen auf einem Stuhl oder Hocker
2. leicht vornüberbeugen, mit beiden Händen die vorderen Stuhl- oder Hockerbeine fassen, mit Gesäß ganz nach hinten rutschen
3. weiter vorneigen und Rücken runden, bis Spannung der Muskulatur zu spüren ist
4. Muskulatur anspannen, als ob man aufstehen wolle und gegen den Widerstand der Hände weiter dehnen; Ellbogen ggf. beugen
5. Dehnung ca. 5 Sekunden halten, wieder anspannen, entspannen und erneut dehnen
6. beim folgenden Dehnen Stuhlbeine weiter unten greifen

Wiederholung:

3-4 x

Hinweis:

Diese Übung ist für frisch operierte Bandscheiben-Patienten (besonders in den ersten sechs Monaten) nicht geeignet. Bitte fragen Sie Ihren Physiotherapeuten oder Krankengymnasten!

Übungsfehler

- die Schultern werden hochgezogen
- die ganze Wirbelsäule wird zu stark gerundet
- es findet eine Ausgleichsbewegung zur Seite statt

43 Dehnung der Gesäß- und Oberschenkelmuskulatur

1. Ausgangsstellung aufgesetzter halber Kniestand (Hocker, Stuhl ohne Lehne o.ä.)
2. mit gerader Wirbelsäule so weit über das aufgelegte Bein vornüberbeugen, bis Dehnung der Gesäßmuskulatur deutlich spürbar ist.
3. aufgelegten Unterschenkel auf den Hocker drücken, entspannen und Dehnung ca. 15 Sekunden halten

Wiederholung:

jede Seite 3-4 x

Übungsfehler

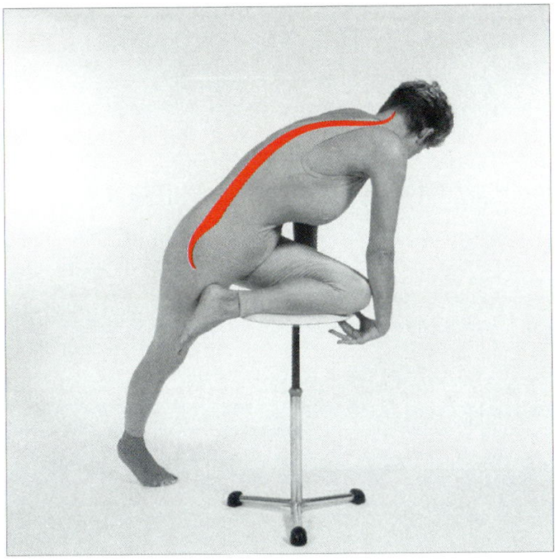

- die Wirbelsäule wird nicht gerade gehalten, sondern abgerundet
- Schultern und/oder Wirbelsäule werden seitlich verdreht
- Schultern werden hängengelassen

C

44 Dehnung der Brustmuskeln

1. Ausgangsstellung Schrittstellung in einem Türrahmen
2. mit den Armen über der Kopfhöhe die Zargen fassen
3. langsam Oberkörper nach vorne neigen, bis die Dehnung über der Brustmuskulatur deutlich spürbar ist
4. Dehnung mindestens 15 Sekunden halten, dabei Oberkörper, Kopf und Hals immer aufrecht halten
5. vor der nächsten Dehnung Türrahmen weiter oben fassen

Wiederholung:

3-4 x

Übungsfehler

- Kopf und/oder Hals werden überstreckt
- die Lendenwirbelsäule wird überstreckt (Hohlkreuz)
- Schultern werden hochgezogen
- jegliches Federn

45 Becken und Bein: Dehnung der hinteren Ober- und Unterschenkelmuskulatur

1. Ausgangsstellung Liegen vor einem Türrahmen
2. das rechte Bein liegt gestreckt auf der Unterlage
3. das linke Bein wird mit mindestens 90° Beugung im Hüftgelenk mit leicht gebeugtem Knie am Türrahmen abgestützt
4. aus dieser Stellung so weit wie möglich den linken Unterschenkel strecken
5. Ferse ohne Bewegung gegen den Türrahmen drücken und anspannen, entspannen
6. Dehnung ca. 15 Sekunden halten und versuchen, das Knie weiter zu strecken

Wiederholung:

jede Seite 3-4 x

Übungsfehler

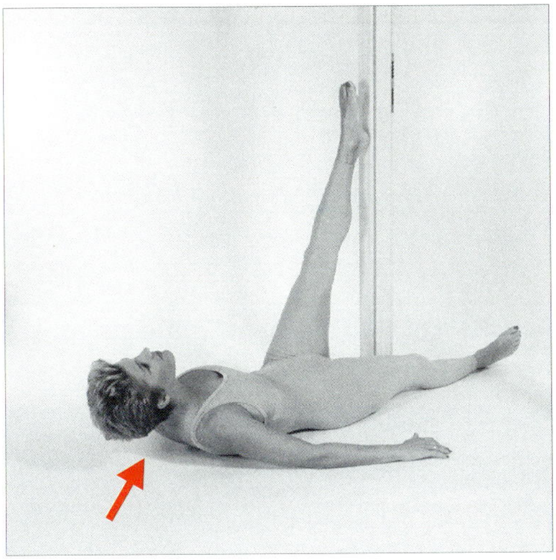

- der Oberkörper wird von der Unterlage abgehoben
- Kopf und/oder Hals werden gebeugt
- zu geringe Beugung im Hüftgelenk

46 Becken und Bein: Dehnung der hinteren Ober- und Unterschenkelmuskulatur II

1. Ausgangsstellung halber Kniestand
2. unter dem linken Knie liegt ein Handtuch, das rechte Bein ist vorne aufgesetzt und das Knie gebeugt
3. mit einer Hand gut an einem Stuhl oder Hocker abstützen
4. mit geradem Rücken und ohne Verdrehung des Beckens mit dem linken Knie langsam nach hinten gleiten, dabei das rechte Knie so weit wie möglich strecken bis auf der Oberschenkelrückseite ein Dehngefühl zu spüren ist
5. mit der rechten Ferse auf den Boden pressen, entspannen und mit dem linken Knie nach hinten gleiten
6. Dehnung ca. 15 Sekunden halten

Wiederholung:

jede Seite 5 x

Hinweis:

Diese Übung ist in der Ausführung zwar etwas schwieriger als die vorherige, dafür aber wesentlich effektiver, da endgradig gedehnt werden kann.

Übungsfehler

- Kopf, Hals oder Wirbelsäule werden überstreckt
- das Becken wird einseitig verdreht
- das Bein wird nicht bis zum Dehnungspunkt nach hinten geschoben

47 Becken und Bein: Erste Dehnübung der Oberschenkelvorderseite

1. Ausgangsstellung Stehen mit auf einem Stuhl aufgelegten Unterschenkel, das Kniegelenk steht vor der Sitzfläche
2. langsam das Gesäß soweit in Richtung Ferse verlagern, bis auf der Oberschenkelvorderseite die Dehnung zu spüren ist
3. Unterschenkel auf den Hocker pressen, das Gesäß anspannen, entspannen und Dehnung ca. 15 Sekunden halten
4. das Gesäß wechselseitig auf der Außen- oder Innenseite der Ferse absetzen

Wiederholung:

jede Seite 3-4 x

Hinweis:

Damit die aufgelegte Schienbeinkante nicht schmerzt, sollten Sie ein Handtuch o.ä. auf den Stuhl legen.

Übungsfehler

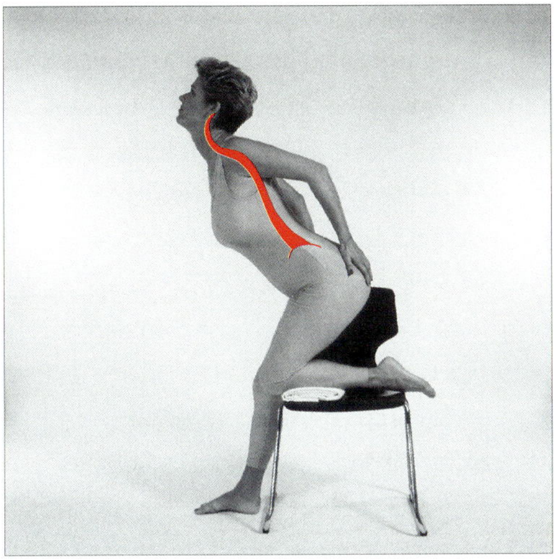

- das Becken kippt nach hinten ab
- das Becken wird einseitig vor- und zurückgeschoben
- Hohlkreuzstellung
- Überstreckung des Kopfes und der Halswirbelsäule

48 Becken und Bein: Zweite Dehnübung der Oberschenkelvorderseite

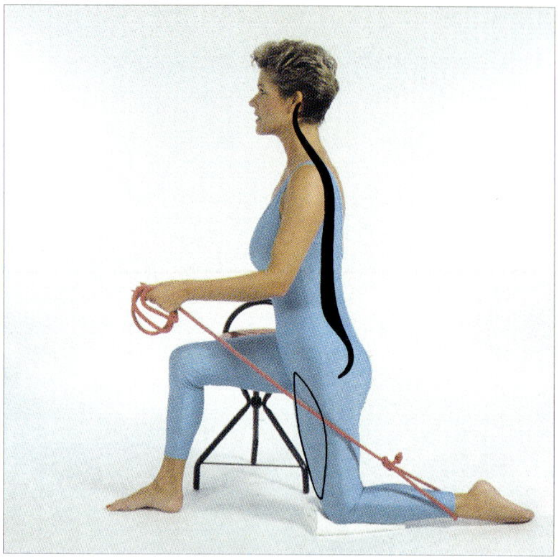

1. Ausgangsstellung halber Kniestand, das rechte Bein wird gebeugt aufgesetzt, die rechte Hand stützt sich auf einem Hocker oder Stuhl ab
2. unter dem linken Knie liegt ein Handtuch o.ä.
3. mit einem Handtuch oder Seil den linken Unterschenkel in Richtung Gesäß ziehen
4. das Gesäß anspannen und das Becken aufrichten, Unterschenkel gegen das Widerlager des Seils an- und entspannen
5. zur Verstärkung der Dehnung mit dem gebeugten linken Knie auf dem Handtuch nach hinten gleiten
6. Dehnung ca. 15 Sekunden halten

Wiederholung:

jede Seite 3-4 x

Hinweis:

Im Gegensatz zur vorherigen Übung werden hier die Muskeln der Oberschenkelvorderseite zweigelenkig gedehnt, und zwar über das Hüft- und Kniegelenk.

Übungsfehler

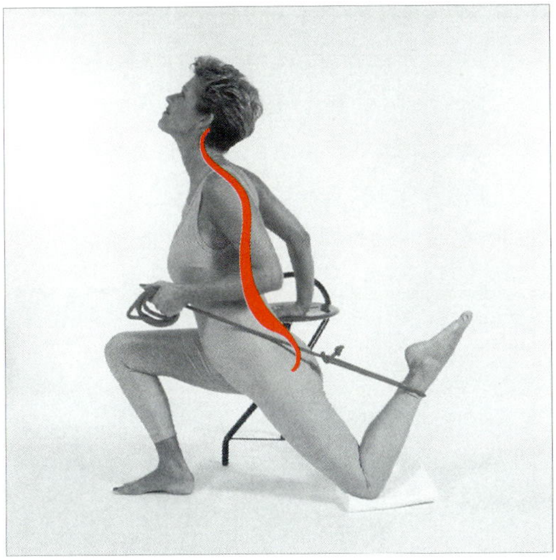

- das Becken kippt nach vorne ab
- das Becken wird einseitig vor- und zurückgeschoben
- Hohlkreuzstellung
- Überstreckung des Kopfes und der Halswirbelsäule

C

49 Dehnung des großen Hüftbeugers

1. Ausgangsstellung aufgestellter Kniestand, das rechte Bein steht vorne und ist mäßig abgewinkelt, die linke Hüfte ist gestreckt und Oberschenkel und Unterschenkel bilden einen rechten Winkel
2. der linke Unterschenkel wird nach außen geführt
3. die linke Hand wird in der Hüfte abgestützt und hält die Streckung
4. im linken Hüftgelenk so weit wie möglich strecken und beide Beckenkämme dabei parallel nach vorne bringen
5. Dehnung ca. 20 Sekunden halten

Wiederholung:

3-4 x

Hinweis:

Beim letzten Dehnen aus der erreichten Dehnstellung das linke Knie nach hinten drücken und ca. 5 Sekunden halten.

Übungsfehler

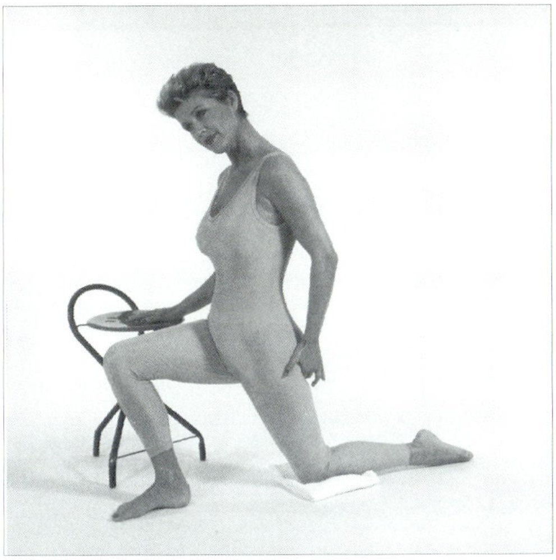

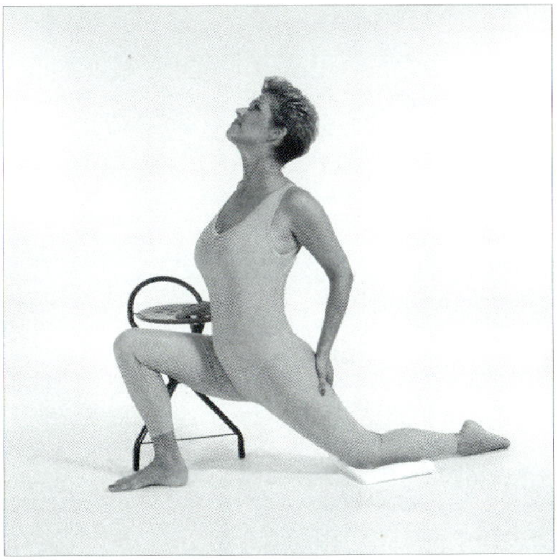

- Halswirbelsäule und Brustwirbelsäule stehen nicht im Lot
- das Becken wird einseitig nach vorne geschoben
- das Gewicht wird ungleichmäßig verteilt
- die Wirbelsäule weicht zur Seite aus
- LWS und BWS werden überstreckt

50 Becken und Bein: Dehnung der Oberschenkelinnenseite

1. Ausgangsstellung gegrätschter Stand vor einem Tisch, mit gerader Wirbelsäule vorbeugen, so daß die Hüften gebeugt sind
2. die Unterarme rechtwinklig beugen und etwas mehr als schulterbreit auf der Tischplatte auflegen
3. Beine so weit auseinanderspreizen, bis Dehnung an der Oberschenkelinnenseite spürbar ist
4. mit den Füßen nach innen drücken, als ob man die Knie gegeneinanderpressen wolle, entspannen
5. Dehnung ca. 15 Sekunden halten, erneut anspannen und ggf. weiter mit den Beinen auseinandergleiten

Wiederholung:

3-4 x

Übungsfehler

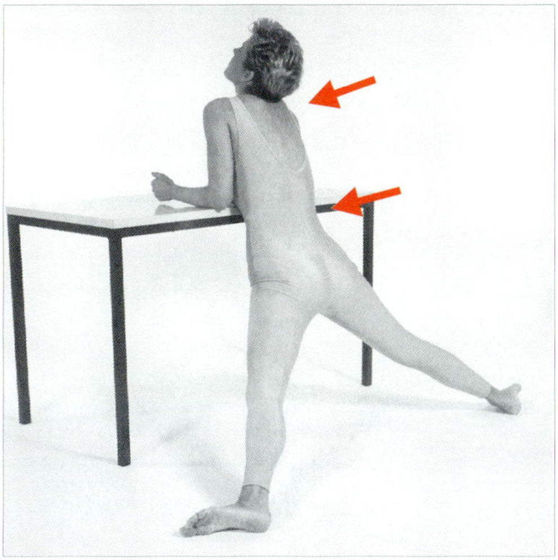

- der Rücken hängt durch (Hohlkreuz)
- Kopf und/oder Hals werden überstreckt
- Beugung im Hüftgelenk wird aufgehoben

Variation:

Diese Übung kann auch aus der Ausgangsstellung aufrechter Stand durchgeführt werden, ohne daß der Oberkörper nach vorne geneigt wird (= ohne Beugung im Hüftgelenk).

C

51 Unterschenkel: Dehnung der Wadenmuskulatur

1. Ausgangsstellung Schrittstellung mit aufrechtem Kreuz vor bzw. in einem Türrahmen; die Arme fassen in Augenhöhe den Rahmen
2. das zu dehnende Bein steht auf den Zehen leicht gebeugt hinten, das vordere Bein wird ebenfalls leicht gebeugt
3. die Ferse des hinteren Beines auf den Boden bringen, indem der Unterschenkel gestreckt, das vordere Bein gebeugt wird und die Arme am Türrahmen hochgleiten
4. Dehnung ca. 15 Sekunden halten, entspannen und ggf. größere Schrittstellung einnehmen

Wiederholung:

3-4 x

Übungsfehler

- Kopf und/oder Hals werden überstreckt
- die Lendenwirbelsäule wird überstreckt (Hohlkreuz)
- die Beine stehen zu weit auseinander

C

IV Übungen für die Wirbelsäule mit dem Gymnastikball

In der Physiotherapie und Krankengymnastik werden seit Jahren sowohl für Kräftigungs- als auch Mobilisationsübungen mit Erfolg aufblasbare Gymnastikbälle (z.B. der SISSEL-Ball) eingesetzt. Einen Boom haben derartige Gymnastikbälle durch die Einbeziehung in die Schwangerschaftsgymnastik erlebt. In jüngerer Zeit mehren sich auch die Stimmen, die den Ball als ideales Sitzmöbel anstelle eines Stuhls befürworten: besonders in den skandinavischen Ländern, die in Sachen ergonomischer Sitzmöbel immer schon Trendsetter waren, werden häufig ganze Büros und Schulen mit Bällen statt Stühlen bestückt.

Wenn Sie sich einen Ball kaufen wollen, damit Sie auch zu Hause Ihre Übungen korrekt durchführen können (oder auch einfach nur bequem und gesund sitzen) ist es sehr ratsam, sich bezüglich der Ballgröße und dem Druck beraten zu lassen. Während z.B. eine Person mit einer Körpergröße von 1,65 m mit einem 45 cm Ball gut bedient ist, benötigt eine Person mit 1,85 m einen Balldurchmesser von mindestens 55 cm. Als Grundregel kann gelten, daß beim Sitzen auf dem Ball die Oberschenkel nicht horizontal stehen, sondern deutlich abfallen sollten.

Machen Sie sich vor der ersten Übung mit dem Ball zunächst einmal vertraut; spielen Sie ruhig ein bißchen, damit Sie das richtige "Ballgefühl" bekommen. Besonders für Schwangere oder Personen mit bereits bestehenden Wirbelsäulenschäden empfiehlt sich zumindest anfangs die Verwendung einer Ballschale, die dem Ball eine gute Grundstabilität verleiht.

Korrektes Sitzen auf dem Ball

Alle Punkte, die wir bereits bei dem Einüben des korrekten Sitzens auf einem Stuhl besprochen haben, gelten auch für das Sitzen auf dem Gymnastikball: die Wirbelsäule steht vom Becken bis zum Kopf im Lot, der Kopf und die Halswirbelsäule werden nicht vorgestreckt oder zurückgenommen. Die Doppel-S-Form der Wirbelsäule ist von der Seite zu erkennen, das Becken wird nach vorne aufgestellt.
Besonders die Beckenaufrichtung wird auf dem Ball durch die Rundung unterstützt. Gleiches gilt für die Oberschenkel, die breitflächig auf dem Ball aufliegen. Der Abstand zwischen den Oberschenkeln ist jedoch auf dem Ball in der Regel größer als auf einem Stuhl.
Wichtig ist, daß beide Füße mit der ganzen Sohle auf dem Boden aufgesetzt sind und der Winkel zwischen Ober- und Unterschenkel nicht größer ist als ca. 120°.

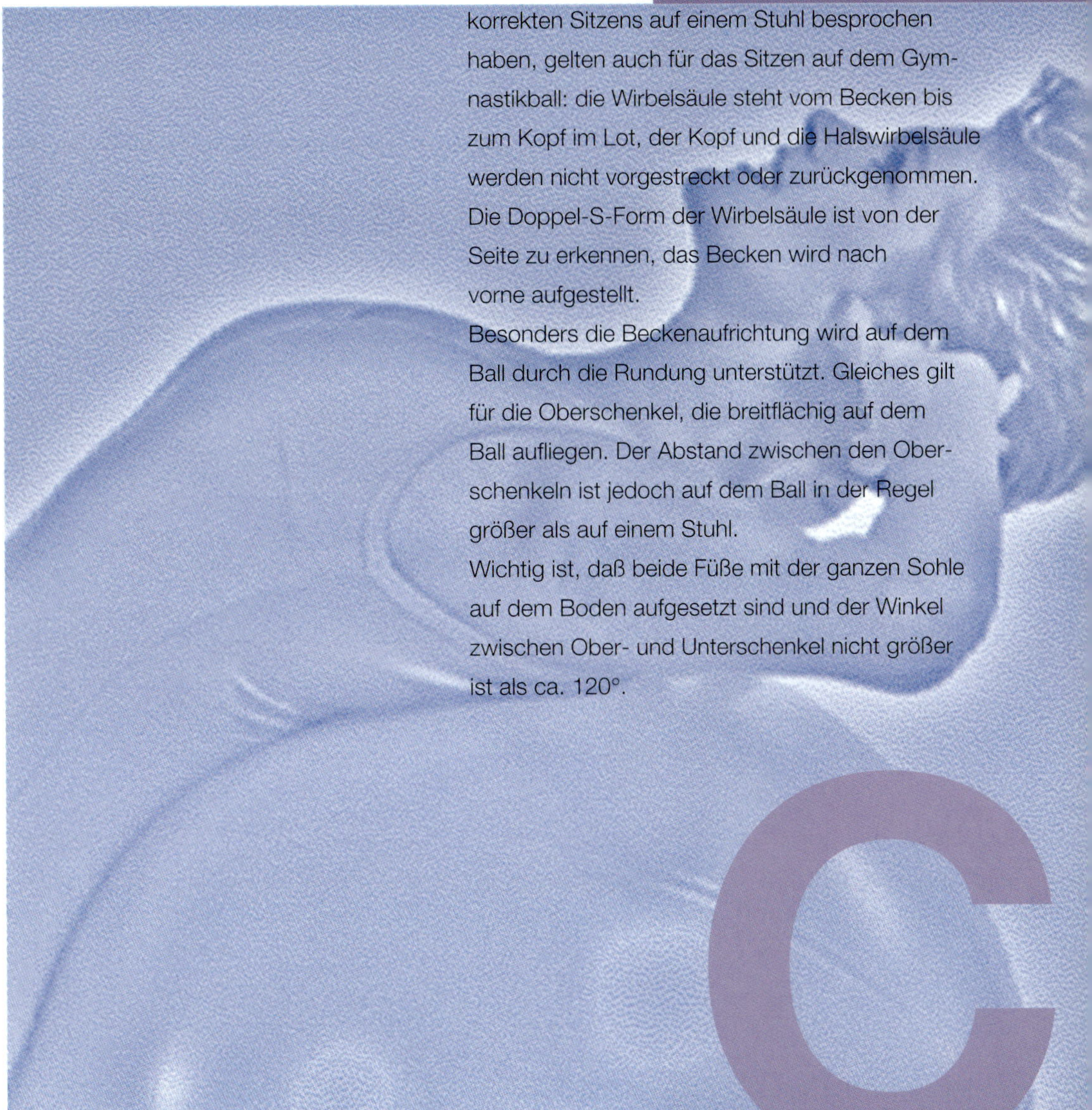

52 Eingewöhnen auf dem Ball

1. Ausgangsstellung korrektes Sitzen auf dem Ball
2. lassen Sie die Arme locker fallen, ohne die Schultern nach vorne oder hinten zu drehen und berühren Sie den Ball mit den Fingerspitzen
3. verlagern Sie Ihr Gewicht – ohne die Wirbelsäulenstellung zu ändern – leicht nach oben, als ob Sie aufstehen wollten; anschließend verlagern Sie das Gewicht wieder auf das Gesäß
4. in schneller Abfolge resultiert hieraus ein regelrechtes Hüpfen mit dem Ball; verlieren Sie jedoch nie die Führung des Balles mit den Fingerspitzen

Wiederholung:

mindestens so oft, bis Sie ein sicheres Ballgefühl entwickelt haben

Übungsfehler

- der Kontakt zum Ball geht verloren
- Form und Stellung der Wirbelsäule werden verändert
- Kopf und Hals werden überstreckt
- der Ball bewegt sich während des Hüpfens

C

53 Mobilisationsübung mit dem Ball LWS: Beugung und Streckung; Beckenkippung

1. Ausgangsstellung aufrechtes Sitzen auf dem Ball
2. Schultern und Arme hängen locker herab, die Unterarme werden auf dem Oberschenkel aufgelegt
3. richten Sie nun das Becken soweit wie möglich auf, indem Sie mit dem Gesäß den Ball nach hinten rollen, ohne die Stellung der Halswirbelsäule oder des Kopfes zu verändern
4. anschließend runden Sie die Wirbelsäule ab und lassen das Becken nach hinten kippen, imdem Sie mit dem Gesäß den Ball nach vorne rollen

Wiederholung:

8-10 x

Übungsfehler

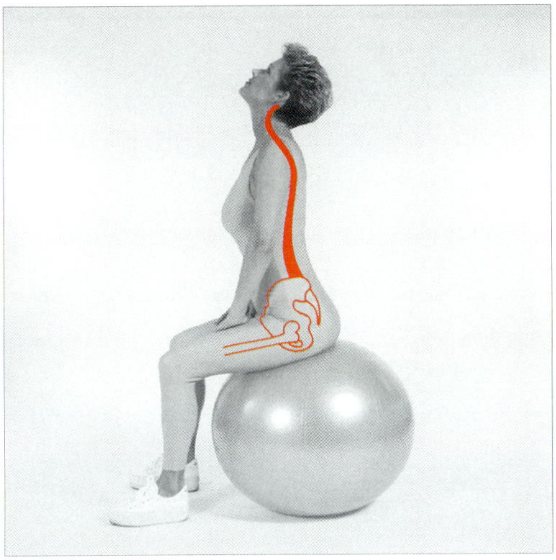

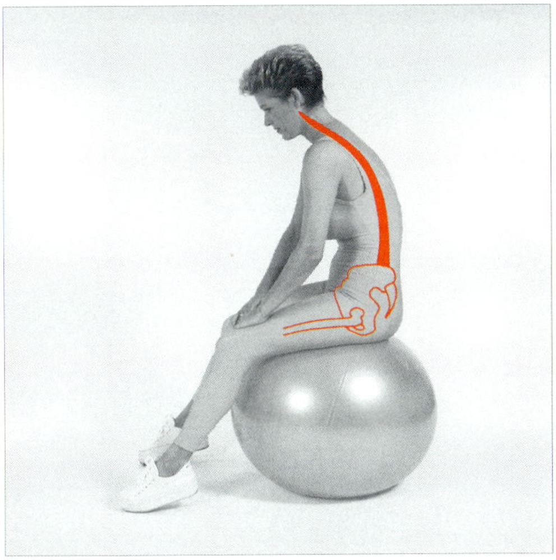

- die Wirbelsäule wird zur Seite gebogen
- Kopf und Hals werden überstreckt
- es findet keine aktive Beckenaufstellung oder -kippung statt, sondern nur eine passive Rollung auf dem Ball.

C

54 BWS und LWS: Seitneigung der Wirbelsäule

1. Ausgangsstellung aufrechtes Sitzen auf dem Ball
2. die Arme liegen entweder auf den Oberschenkeln auf oder werden vor der Brust verschränkt
3. rollen Sie den Ball mit dem Gesäß langsam nach links, ohne die Stellung des Oberkörpers, Kopfes und Halses zu verändern
4. anschließend die gleiche Bewegung zur anderen Seite durchführen, ohne die Stellung des Oberkörpers zu verändern

Wiederholung:

8-10 x

Übungsfehler

- der Oberkörper wird mitbewegt
- durch ungleichmäßige Gewichtsverteilung auf den Füßen wird der Ball zur Seite gerollt
- bei Bewegung nach links wird die rechte Schulter hängengelassen
- und bei Bewegung nach rechts die linke Schulter
- Kopf und Hals stehen nicht in einer Linie zur oberen Brustwirbelsäule

C

55 BWS: Streckung der Brustwirbelsäule

1. Ausgangsstellung angedeutete Hocke vor dem Gymnastikball, wobei die Lendenwirbelsäule und Brustwirbelsäule von dem Ball gestützt werden
2. die Beine stehen parallel mäßig gespreizt vor dem Becken, das Gesäß wird vom Boden abgehoben, die Arme stützen den Ball
3. langsam die Füße wegdrücken, die Knie leicht strecken und auf dem Ball nach hinten rollen, dabei die Stellung der Halswirbelsäule nicht verändern
4. beim Ausatmen langsam nach vorne rollen, beim Einatmen langsam nach hinten rollen

Wiederholung:

8-10 x

Übungsfehler

- jegliches seitliche Abrollen des Balles
- Überstreckung der Halswirbelsäule
- Fallenlassen des Kopfes nach hinten oder Beugen des Kopfes
- zu schnelles Ausführen der Übung, besonders bei schmerzhafter Halswirbelsäule oder Brustwirbelsäule

C

56 BWS und LWS: Rotation und Drehung

1. Ausgangsstellung stabiles Knien oder Hocken vor dem Gymnastikball
2. die Arme umgreifen gestreckt den Ball; Lendenwirbelsäule, Brustwirbelsäule und Halswirbelsäule sowie Kopf stehen in einer Linie
3. langsam, ohne die Stellung des Kopfes und der Wirbelsäule zu verändern, den Ball nach rechts drehen
4. langsam in die Gegenrichtung drehen

Wiederholung:

10 x

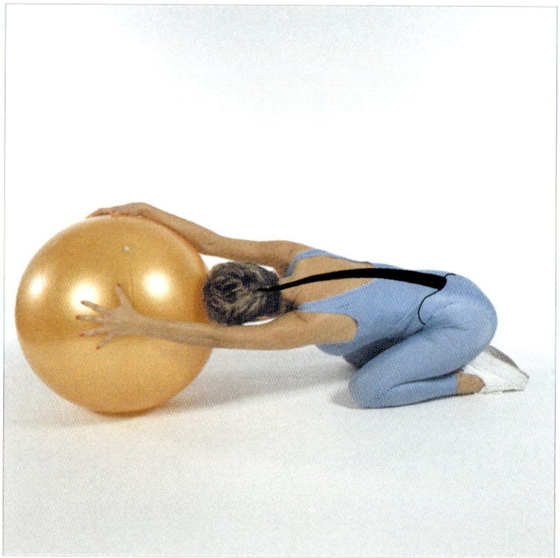

Übungsfehler

- der Kopf wird überstreckt oder das Knie auf die Brust genommen
- die Stellung der Wirbelsäule wird verändert
- es kommt zu einer Überdrehung

Hinweis:

Bei dieser Übung werden die Abschnitte der Rückenmuskulatur trainiert, zu der die Drehbewegung stattfindet. Die Gegenseite wird dabei gedehnt. Da es bei jeder Drehung der Wirbelsäule zu einer einseitigen Belastung des Bewegungssegmentes mit erhöhtem Druck auf den Zwischenwirbelscheiben und den kleinen Wirbelgelenken kommt, ist es wichtig, nicht zu überdrehen. Sollten bei dieser Übung Schmerzen auftreten, darf die Übung nur bis zum Schmerzpunkt durchgeführt werden. Jegliches Überschreiten bzw. Überdrehen würde keinen therapeutischen Nutzen bringen, sondern allenfalls die kleinen Wirbelgelenke übermäßig belasten.

57 Kräftigungsübungen mit dem Ball Bauch- und Rückenmuskulatur: Erste Kräftigungsübung

1. Ausgangsstellung angedeuteter Vierfüßlerstand auf dem Ball
2. der Körper ruht auf dem Ball, der Kopf und die Halswirbelsäule stehen in Verlängerung des Oberkörpers; die Hände und Füße stützen ab
3. Rücken- und Bauchmuskulatur werden angespannt und die Beine parallel angehoben
4. Kopf, Hals, Brust- und Lendenwirbelsäule sowie die Beine stehen in einer Geraden
5. linke und rechte Hand werden wechselseitig stückweise vorgesetzt, bis der Ball unter dem Becken bzw. Oberschenkel liegt
6. anschließend wird auf dem Ball wieder zurückgerollt

Wiederholung:

2 Serien à 5 x

Übungsfehler

- die Hände stehen vor dem Kopf
- Kopf und Hals werden überstreckt
- die Wirbelsäule wird überstreckt und hängt durch

58 Bauch- und Rückenmuskulatur: Zweite Kräftigungsübung

1. Ausgangsstellung angedeuteter Vierfüßlerstand auf dem Ball
2. der Körper liegt auf dem Ball, die Zehen und Hände stützen den Körper ab
3. Bauch- und Rückenmuskulatur werden angespannt, die Beine parallel angehoben, so daß die Wirbelsäule vom Kopf bis zum Becken im Lot steht
4. wechselseitig werden langsam der linke Arm und das rechte Bein bzw. der rechte Arm und das linke Bein leicht abgehoben

Wiederholung:

2 Serien à 8-10 x

Hinweis:

Bei dieser Übung werden zusätzlich zur Bauch- und Rückenmuskulatur, die bereits bei der letzten Übung trainiert wurden, die Schultergürtelmuskulatur sowie die Strecker im Hüftgelenk beansprucht.
Es sieht schwieriger aus, als es wirklich ist; versuchen Sie es einfach mal!
Sollte Ihnen die Ausgangsstellung zu wackelig vorkommen, können Sie ruhig den Ball zur besseren Stabilisierung in eine Ballschale legen.

Übungsfehler

- die Hände stehen vor dem Kopf
- Kopf und Hals werden überstreckt
- die Wirbelsäule wird überstreckt und hängt durch
- Arm und Bein werden überstreckt

C

59 Rücken- und Schultergürtelmuskulatur

1. Ausgangsstellung Liegen auf dem Ball, die Beine sind mäßig gespreizt, die Zehen stützen sich auf
2. die Arme und Schultern hängen locker herab; ggf. werden ca. 1 kg schwere Hanteln (alternativ: gefüllte Mineralwasserflaschen) gehalten; der Kopf und die Halswirbelsäule stehen in Verlängerung der Brustwirbelsäule
3. langsam die Arme nach hinten bewegen und abwinkeln; der Oberkörper bleibt auf der Unterlage, Kopf und Hals stehen immer in Verlängerung der Brustwirbelsäule
4. die Arme wieder leicht nach vorne strecken und erneut langsam nach hinten führen und abwinkeln

Wiederholung:

2 Serien à 8-10 x

Hinweis:

Auch bei dieser Übung ist die Beibehaltung der natürlichen Stellung der Wirbelsäule und die Beibehaltung der Anspannung der Muskulatur entscheidend. Je langsamer und bewußter die Anspannung bei dem Rückführen der Arme einsetzt, desto größer ist der Wirkungsgrad. Eine höhere Wiederholungsfrequenz hat einen größeren Trainingseffekt als schwerere Gewichte.

Übungsfehler

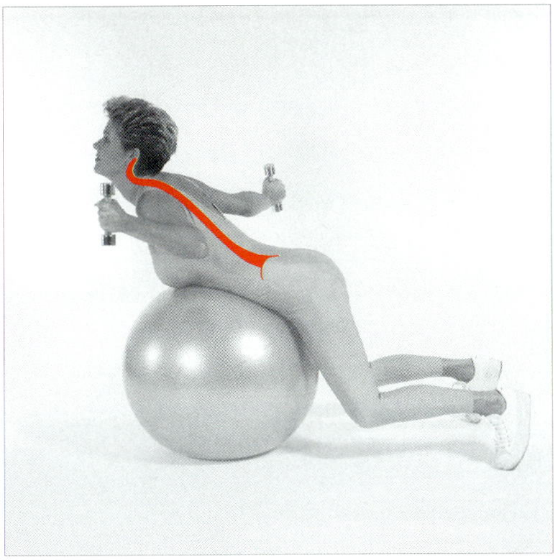

- der Kopf wird überstreckt oder gebeugt
- Halswirbelsäule und Brustwirbelsäule werden überstreckt
- die Arme werden über das Niveau des Rückens gestreckt

C

60 Bauch- und Schultergürtelmuskulatur

1. Ausgangsstellung entspanntes Liegen in Rückenlage
2. die Unterschenkel liegen auf dem Gymnastikball auf, die Arme werden nahezu rechtwinklig abgespreizt, die Ellbogen sind rechtwinklig gebeugt
3. die Bauchmuskulatur anspannen und über die abgestützen Ellbogen den Oberkörper und Kopf ca. 5 cm abheben
4. die Spannung 7-10 Sekunden halten

Wiederholung:

2 Serien à 10-12 x

Hinweis:

Bei dieser Übung sind die Unterschenkel und Oberschenkel bewußt gebeugt, damit es nicht bei der Anspannung bzw. dem Abheben des Oberkörpers zu einer reinen Beugung im Hüftgelenk kommt. Deshalb ist auch nicht die Höhe des Abhebens des Oberkörpers von der Unterlage entscheidend, sondern die Dauer und Wiederholungsrate des Anspannens.

Übungsfehler

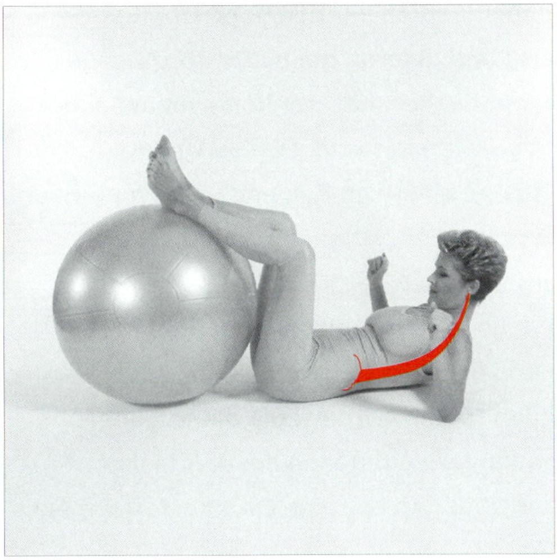

- der Kopf wird auf das Kinn genommen
- die Stellung der Wirbelsäule wird verändert
- die Knie werden zum Bauch gezogen

C

V Abzulehnende Übungen

Verschiedentlich werden noch Übungsformen gelehrt und gelernt, die heute aus physiotherapeutischer und krankengymnastischer Sicht abzulehnen sind. Diesen Übungen, von denen einige im Folgenden exemplarisch gezeigt werden, ist gemeinsam, daß sie einerseits einen vergleichsweise geringen Trainings- bzw. Mobilisationseffekt haben und andererseits mit erheblichen Mehrbelastungen für die Wirbelsäule einhergehen. Insbesondere entstehen bei den meisten dieser Übungen extreme Druckbelastungen für die Zwischenwirbelscheiben und die kleinen Wirbelgelenke. Somit besteht für diese Übungen nicht nur keine Notwendigkeit, sondern, ganz im Gegenteil, sie können sogar schaden. Besonders bei bereits bestehenden Bandscheibenschäden ist jede überproportionale, unnötige Druckzunahme zu vermeiden. Auch wenn Sie subjektiv bei der Durchführung solcher Übungen keine Schmerzen verspüren, sollten sie vermieden werden.

1. Drehung der Wirbelsäule

Bei der besonders im Schulsport beliebten Drehmobilisation der Wirbelsäule mit Schwung nach rechts und links sind die Füße die Fixpunkte, während die Wirbelsäule verdreht wird. Hierbei werden die kleinen Wirbelgelenke durch die Rotation belastet, besonders wenn die Übung mit Schwung durchgeführt wird. Hinzu kommt, daß die Wirbelgelenke in der Lendenwirbelsäule aufgrund ihrer Stellung kaum für Drehbewegungen ausgelegt sind.

Besser: Übungen 2, 3, 10 - 14

2. Dehnung dorsale Kette • Schere

Zwar wird bei dieser Übung in der Tat die Rückenmuskulatur gedehnt, doch treten ganz erhebliche Belastungen im LWS- und BWS-Bereich auf. Daneben werden eher die Muskeln der Oberschenkelrückseite gedehnt, dies jedoch nicht besonders effektiv.

Besser: Übungen 42, 43, 45, 46

C

Abzulehnende Übungen

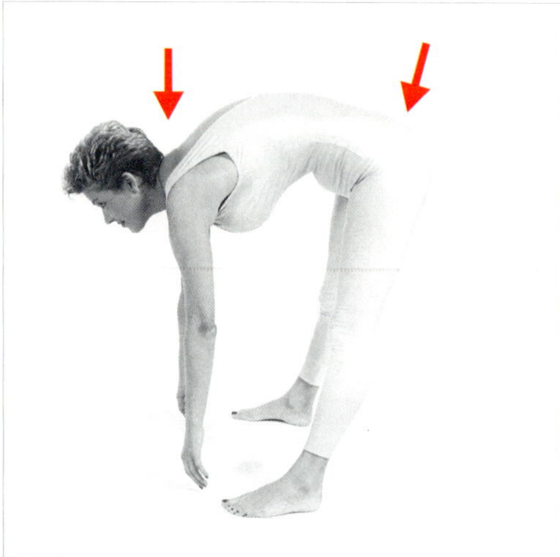

3. Beugung der Wirbelsäule: Finger-Boden Übung

Bei der Finger-Boden Übung, ebenfalls im Schul- und Vereinssport gern praktiziert, treten extreme Biegespannungen und Druckbelastungen in der LWS auf. Die Druckspitzen können bis zu 250 kp/cm² betragen. Meist wird auch die HWS bei derartigen Übungen extrem überstreckt. Wird dabei noch nachgefedert, können die Druckspitzen noch höher sein. Das eigentliche Ziel, nämlich die Rückenmuskulatur und den Bandapparat zu dehnen sowie die Beweglichkeit der Wirbelsäule zu erhöhen, erreicht diese Übung – egal, in welcher Form – ohnehin nicht, da die Beugung ganz überwiegend in der Hüfte stattfindet.

Besser: Übungen 10-14, 42

4. Bauchmuskulatur: Klappmesser

Wer hat diese Übung nicht gelernt? Dabei wird hier weit weniger die Bauchmuskulatur, als vielmehr der Hüftbeuger trainiert. Das könnte aber einfacher und ohne die hohe Belastung der Lendenwirbelsäule erfolgen. Und auch für das Training der Bauchmuskulatur ist diese Übung nicht besonders effektiv, da der Ansatz und Ursprung der Muskeln so angenähert werden, daß kein voller Trainingseffekt erzielt wird.

Besser: Übungen 24 - 28, 49, 57, 60

C

V Abzulehnende Übungen

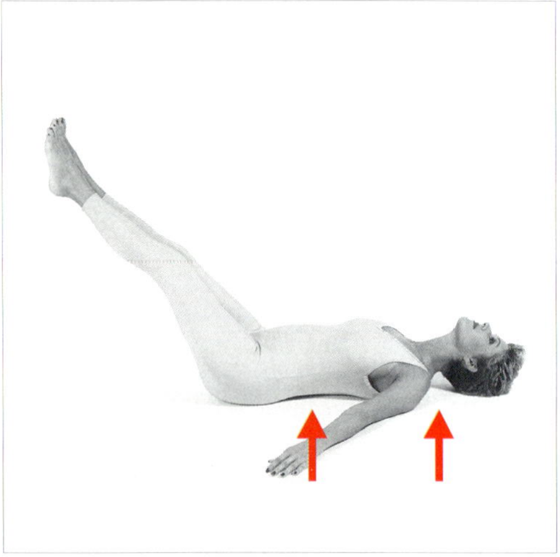

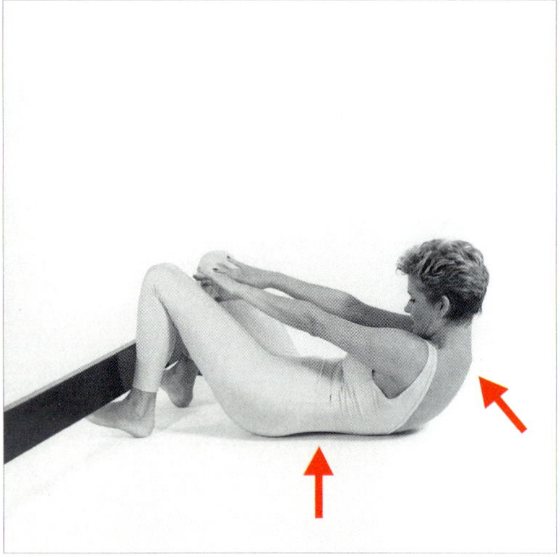

5. Sonstige Bauchmuskelübungen

Alle Einwände gegen das "Klappmesser" gelten auch für diese Übungen: die Wirbelsäule wird zu stark gerundet (kyphosiert), die Belastung auf den Gelenken ist unnötig hoch und Kopf und Hals weisen meist eine Fehlstellung auf.

Besser: Übungen 24-29, 57, 58, 60

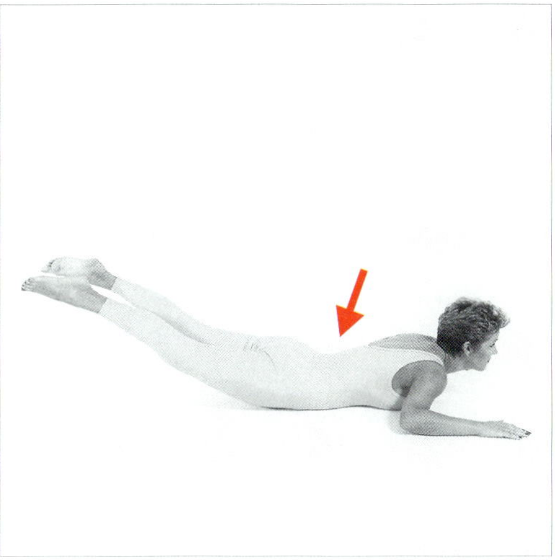

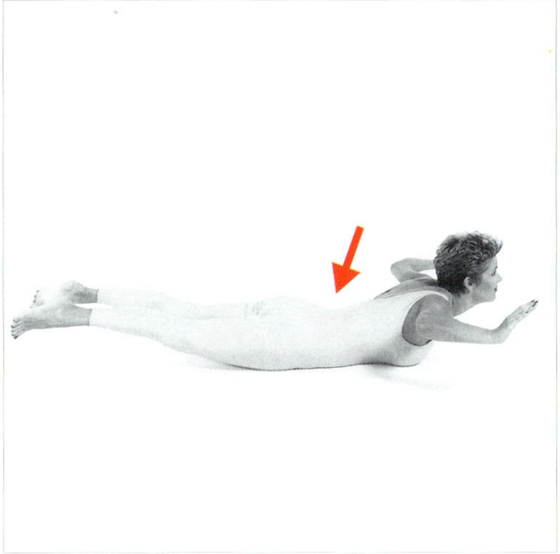

6. Rücken- und Gesäßmuskulatur: Wippe und ähnliche Übungen

Besonders bei der Wippe besteht meist eine Überstreckung der Wirbelsäule (Hyperlordosierung) mit obligater Fehlstellung der HWS. Die Gelenksfacetten werden unnötig überlastet. Die Rückenmuskulatur wird hierbei zwar recht gut trainiert, der Preis ist jedoch zu hoch. Besonders bei bereits bestehender Bewegungseinschränkung oder arthrotischen Veränderungen kann von diesen Übungen nur abgeraten werden. Die Gesäßmuskulatur wird zudem wenig effektiv geübt.

Besser: Übungen 29-36, 57-59

C

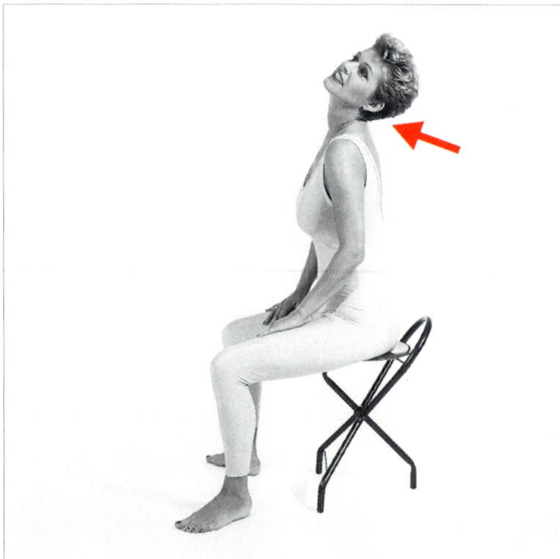

7. Halswirbelsäule: Kopfkreiseln

Bei dem dargestellten Kopfkreiseln handelt es sich um eine kombinierte Bewegung um alle drei Achsen. Zwar erfolgt hier eine gewisse Mobilisation, doch muß mit einigem Druck auf den Zwischenwirbellöchern mit den durchtretenden Nerven sowie möglicher Kompression der Arteria vertebralis, die das Gehirn mit Blut versorgt, gerechnet werden. Besonders ältere Menschen können zudem durch diese Kreiselbewegung leicht Schwindelgefühle entwickeln. Günstiger sind allemal selektive Mobilisationsübungen für die HWS in den einzelnen Ebenen sowie anschließende Kräftigungsübungen.

Besser: Übungen 5-9, 15-19

C

Weiterführende Literatur

Gvjeuth, O. und Hamberg, J.: Autostretching. Alfta Rehab Førlag, 1990.

Gvjeuth, O. und Hamberg, J.: Muscle Stretching in Manual Therapy, Vol. I and II. Alfta Rehab Førlag, 1992.

Junghanns, H.: Die Wirbelsäule unter den Einflüssen des täglichen Lebens, der Freizeit, des Sports. Die Wirbelsäule in Forschung und Praxis, Bd. 100. Hippokrates Verlag, 1986.

Kaltenborn, F.: Wirbelsäule: Manuelle Therapie und Untersuchung. O. Noris Bokhandel, 1992.

Klein-Vogelbach, S.: Ballgymnastik zur funktionellen Bewegungslehre. Springer Verlag, 1985.

Klein-Vogelbach, S.: Therapeutische Übungen zur Bewegungslehre. Springer Verlag, 1986.

Laser, T.: Lumbale Bandscheibenleiden. W. Zuckschwerdt Verlag, 1994.

Nentwig, C. G., Krämer, J. und Ulrich, C. H. (Hrsg.): Die Rückenschule. Enke Verlag, 1990.

Putz, R.: Makroskopische Anatomie des Bewegungsapparats. In Staubesand, J. (Hrsg.): Makroskopische und mikroskopische Anatomie des Menschen, Band 1, 14. Auflage. Urban & Schwarzenberg, 1985.